RUTA DEL RACIONALISMO DE BARCELONA

El GATCPAC y la arquitectura de los años 1930

Institut Municipal del Paisatge Urbà
i la Qualitat de Vida

Barcelona

CRÉDITOS:
Edita:
Institut del Paisatge Urbà i la Qualitat de Vida,
Ajuntament de Barcelona (IMPUiQV)
Av. Drassanes, 6-8, planta 21, 08001 Barcelona
Tel. +34 932 562 509
cultura-impuqv@bcn.cat

Presidenta:
Laia Bonet

Gerente:
Jordi Raboso

Departamento de Rutas y Publicaciones:
Lluís Bosch
Sònia Turon
Anabel Emilio
Jordi París
Inma Pascual

Textos:
© Tate Cabré

Traducción:
Ger Gacio y Queralt Vila

Fotos:
© Lluís Casals y otros autores

Asesoría histórica:
Mercè Vidal

© De esta 2ª edición, IMPUiQV,
Ajuntament de Barcelona, 2025

Diseño y maquetación:
Egge

ISBN:
978-84-9156-664-9

DL:
B 20097-2025

Impreso en Cataluña por:
Gráficas San Sadurní, SLU

AGRADECIMIENTOS:
Núria Ballester
Carmina Borbonet
Rossend Casanova
Esther Celma Fe
Felip Cirer
Susanna Codina
Teresa Copano
Alícia Cornet
Juan Cruz
Lluís Dalmau
Manel Díaz Jiménez
Ramon Dilla
Sara Fajula
Conxa Fernàndez
Mercè Fernàndez
Teté Ferreiro
Toni Flores
Joan Folch
Montserrat Gil
Daniel Guillén
Jose M. González
José Manuel Herrero
Laura Iriberri
Helen Kendrick
Juanjo Macías
Nicolás Markuerkiaga
Eulàlia Martin
Josep M. Massot
Lourdes Mateo
Maria Mena
Núria Moral
Anna Noëlle
Montse Oliva
Maribel Pérez
Pepa Prieto
Isabel Rodiera
Omayra Rodríguez
Xavier Roig
Juan Rueda
Joan Samsó
Mercè Sabartés
Víctor Sánchez
Josep Maria Solias
José Suescun
Agustí Vericat
Alfons Zarzoso

SUMARIO

INTRODUCCIÓN

VIAJE A LA ARQUITECTURA DE LOS AÑOS 1930

Dentro del rico panorama de la arquitectura del siglo XX en Barcelona, una vez reivindicado, consolidado y difundido el estudio del Modernismo, llegó el turno del Novecentismo y seguidamente del Racionalismo y de su máximo exponente en Barcelona, el GATCPAC (Grupo de Arquitectos y Técnicos Catalanes para el Progreso de la Arquitectura Contemporánea), un momento en el que aún estamos y del que esta guía con nueve itinerarios que exploran la ciudad de los años treinta del siglo XX es un claro exponente.

El Racionalismo arquitectónico se denomina en el mundo anglosajón *International Style, Modern Style* o *Modernism*, razón por la que, para evitar confusiones, el Modernismo catalán se denomina *Catalan Style* o *Catalan Art Nouveau*. Tal y como su nombre indica, el Racionalismo "razona" el funcionalismo puro y duro de los edificios: "la función hace la forma", traducción libre de *"form follows function"*, la famosa frase que el arquitecto norteamericano Louis Sullivan, padre de la escuela de Chicago y maestro de Frank Lloyd Wright, utilizó como base del razonamiento funcionalista. La escuela de Chicago ya era conocida en Barcelona antes del Racionalismo, ya que fue la inspiración de los novecentistas para la urbanización de la Vía Laietana con el objetivo de convertirla en la *city* o distrito financiero de la ciudad condal.

El Racionalismo provoca una ruptura con los valores históricos, sin decoración ni historicismos, y conecta con las vanguardias pictóricas, especialmente con el cubismo. No en vano, a las primeras obras racionalistas en España se las denominó "arquitectura cubista". El Racionalismo incorporó el abaratamiento de costes gracias a la industrialización: la estandarización, la producción en serie, los materiales prefabricados… A nivel popular, el nuevo movimiento se dio a conocer en Barcelona con los grandes edificios de pisos o casas bloque, las casas transatlántico, y con las viviendas unifamiliares tipo cúbico (las casas denominadas "caja de jabón") o con diseño más aerodinámico (las casas denominadas "casa barco").

Esta revolución estética y social, que quería transformar el urbanismo y las condiciones de la vivienda y de la vida de las clases menos favorecidas, fue la bandera del GATCPAC, que conectó así con los valores de la Generalitat republicana y con los valores de las vanguardias internacionales a través de Le Corbusier en Francia y la Bauhaus de Walter Gropius y Ludwig Mies Van der Rohe en Alemania, fusionándolas con un mediterraneísmo autóctono y diferencial, a veces especialmente ibicenco, que recuperaba técnicas constructivas y materiales ancestrales, como las bovedillas a la catalana, la bóveda tabicada típica catalana, adobes de terracota en los pavimentos exteriores, cerámica de la Bisbal en los alféizares o persianas a la mallorquina. Los edificios racionalistas en Barcelona que no son obra del GATCPAC suelen inspirarse en el Expresionismo alemán de Erich Mendelsohn y del grupo Der Ring, en el Neoplasticismo neerlandés de Gerrit Rietveld y del grupo De Stijl, y en las obras del finlandés Alvar Aalto y de los austríacos Otto Wagner y Adolf Loos.

Racionalismo y GATCPAC

Cuando se habla de Racionalismo arquitectónico en Barcelona se habla básicamente y con admiración del GATCPAC por varios motivos: porque lograron alzar edificios tan puristas y emblemáticos de la Barcelona republicana como el Dispensario Central Antituberculoso del Raval o la Casa Bloc de Sant Andreu, porque experimentaron nuevas soluciones a problemas urbanos como la biblioteca desmontable de Sant Andreu y porque fueron muy conocidos los icónicos edificios de viviendas de líneas depuradas de Sert, Illescas, Rodríguez Arias y Churruca situados mayoritariamente en Sant Gervasi. Pero cuando el GATCPAC irrumpió en escena, en 1929, el Racionalismo ya se desarrollaba en Barcelona: Antoni Puig i Gairalt había construido el edificio de la Vía Laietana número 6 (1926) y la Fábrica Myrurgia (1928), su hermano Ramon había alzado la casa familiar Puig-Gairalt en Sarrià (1928), Nicolau Maria Rubió i Tudurí estaba construyendo la estación técnica de Radio Barcelona EAJ-1 en el Tibidabo (1929) y Ramon Reventós i Farrarons construía los nueve bloques racionalistas con detalles Art Déco para Josep Masana (1929) cerca del recinto de la Exposición de 1929, donde el arquitecto alemán Mies Van der Rohe proyectó un pabellón racionalista. Todas estas obras que no son propias del GATCPAC aparecen en esta guía. De los treinta arquitectos seleccionados, solo el 50% fueron socios del GATCPAC, la otra mitad eran novecentistas o exógenos al hecho barcelonés, como Luis Gutiérrez Soto, que proyectó el rascacielos de Urquinaona, o Fernando de la Escosura, autor de un edificio en el barrio de Les Corts, ambos madrileños, o como Luis Lacasa Navarro, asturiano y coautor junto a Sert del Pabellón de la República, o Manuel Ignacio Galíndez Zabala, de Bilbao, que proyectó la antigua sede del Banco de Vizcaya de la plaza de Catalunya, así como el ya mencionado Ludwig Mies Van der Rohe.

Racionalismo, Novecentismo y Art Déco

A partir de 1910 los arquitectos locales ya habían evolucionado, prácticamente todos, desde el Modernismo al Novecentismo en sus cuatro ramificaciones. Según la clasificación de Ignasi de Solà Morales, las principales corrientes del *Novecentismo* fueron cuatro: la clasicista, con variedades florentinas y brunelleschianas, de la Roma del Cinquecento o de la Francia monumentalista *Beaux Arts* de los siglos XVII y XVIII; la gaudinista, que siguen los discípulos del maestro; el estilo ruralista, con recreación de elementos de las masías y ermitas tradicionales barrocas, y finalmente los estilos internacionalistas de la escuela de Glasgow, la *Sezession* vienesa y la escuela de Chicago, la más conectada con el Racionalismo barcelonés. Casi todos estos novecentistas, a finales de los años veinte, flirteaban con más o menos asiduidad con el Racionalismo. Pero, además, también encontramos arquitectos locales que trabajaron en el extranjero y, a su vuelta, trajeron el soplo de aire fresco de un estilo totalmente diferente: el Art Déco.

En arquitectura, este estilo se inspiraba en las primeras vanguardias artísticas: el constructivismo, el cubismo, el futurismo, el fauvismo, el maquinismo... con un *amour fou* por los materiales que connotaban modernidad como el aluminio, el acero inoxidable y muchas luces eléctricas en la decoración, así como los lacados, las pieles de cebra y los prefabricados en los muebles que causaron furor en Barcelona en bares, cafeterías y establecimientos comerciales como los desaparecidos almacenes El Àguila de Domènech Mansana. Hacia 1915, el Art Déco había entrado en escena en los almacenes Can Damians (1913-1915), situados en la calle de Pelai, y en la casa de Lluís Ferré-Vidal (1914), situada en los jardines de Gràcia, ambos edificios obra de Eduard Ferrés i Puig, arquitecto que pertenecía a una familia de navieros de Vilassar de Mar. Unos años antes, en 1911, este mismo arquitecto construyó en Madrid las viviendas Emilio Díaz-Moreu en estilo Art Déco, y en 1912, también en Madrid, el hotel Palace con estructuras de hormigón armado pioneras sobre un proyecto de 1910 del arquitecto francés Edouard Niermans. Los pioneros de esta nueva arquitectura en España acostumbraban a ser jóvenes arquitectos, pertenecientes a familias con actividad económica en ultramar, como también es el caso de Ignasi Mas i Morell, que trabajó en Cuba, México y Estados Unidos, y proyectó el edificio racionalista que consta en el anexo 1.

El Art Déco inspiró la pionera Fábrica Myrurgia (1928) de Antoni Puig i Gairalt y la decoración exterior e interior de muchos de los edificios racionalistas que aparecen en esta guía, y a los que a menudo se identifica como ejemplos de Art Déco en vez de Racionalismo, como la Casa Pidelaserra (1930) de Ramon Puig i Gairalt. El Art Déco, también conocido como Estilo 1925, era el estilo de bandera de los socios del FAD (Fomento de las Artes Decorativas), colaboradores del GATCPAC en algunas iniciativas, tal y como explica Mariàngels Fondevila en su tesis doctoral, resumida en el libro *Art Déco català (1909-1936)*, publicado por Artium en 2015. En el local bautizado como MIDVA (Muebles y Decoración de la Vivienda Actual), los socios del GATCPAC coincidían con los del FAD y los de ADLAN (Amigos del Arte Nuevo), otra asociación que Sert lideraba junto a Dalí y Miró y que trajo a Barcelona a intelectuales como Hans Arp, Alexander Calder, Paul Eluard o Man Ray. A pesar de que los socios del GATCPAC y los del FAD mantenían grandes polémicas sobre diferentes valores estéticos y filosóficos, como a menudo reflejaban las páginas de la revista *A.C. (Documentos de Actividad Contemporánea)* del GATCPAC, ambas asociaciones acababan realizando exposiciones conjuntas.

La expansión, la Guerra Civil y la posguerra

A diferencia del Modernismo y del Novecentismo, movimientos que es extienden a lo largo de más de tres décadas, el Racionalismo, representado por los posnovecentistas y por el GATCPAC y especialmente por su *alma mater*, Josep Lluís Sert, que tenía veintisiete años cuando se fundó el grupo de arquitectos, tuvo –como enérgico movimiento de vanguardia que era– una duración corta pero intensa de ocho años, desde su fundación en 1929 hasta su disolución en 1937 a causa de la Guerra Civil. Hay quienes consideran que el Racionalismo arranca en Barcelona con las conferencias de Le Corbusier los días 15 y 16 de mayo de 1928 en la sala Canuda, invitado por Josep Lluís Sert, pero oficialmente el GATCPAC fue fundado con la exposición de arquitectura de las Galerías Dalmau, inaugurada en abril de 1929, y mantuvo su primera reunión formal en diciembre de 1930.

El GATCPAC se expandió y en 1930 en Zaragoza se fundó el GATEPAC, la extensión a los grupos racionalistas de Madrid y San Sebastián para poder asistir conjuntamente al CIAM (Congreso Internacional de Arquitectura Moderna), aunque la argumentación teórica siempre se realizó desde la revista *A.C.*

(*Documentos de Actividad Contemporánea*), publicada entre 1931 y 1939, dirigida y redactada en Barcelona, principalmente por Josep Torres Clavé y Josep Lluís Sert. El Grupo Norte (ubicado en San Sebastián) y el Grupo Centro (en Madrid) se fueron debilitando y se desvincularon del GATEPAC en 1933. Manuel García Mercadal, pionero del Racionalismo en España en 1926, decía que el estilo no gustaba y que se vieron forzados a abandonarlo. Mientras, el Grupo Este (ubicado en Cataluña, principalmente en Barcelona) se reforzaba gracias a la colaboración con la Generalitat republicana. Años después, algunos arquitectos colaborarían entre sí, individualmente, como Luis Lacasa, del Grupo Centro, y Josep Lluís Sert, del Grupo Este, en el Pabellón de la República erigido para la Exposición Universal de París de 1937.

El compromiso político y social del GATCPAC fue su condena. Se pusieron al lado de la República para mejorar las condiciones de vida de la clase trabajadora, entre otras cosas ideando un nuevo tipo de vivienda social que cristalizaría con la Casa Bloc de Sant Andreu, pero la Guerra Civil frenó este proyecto y muchos otros, y la dictadura de Franco puso punto final al grupo. Los destinos de los arquitectos supervivientes del bando de los perdedores fueron la depuración o el exilio. Josep Torres Clavé, José Manuel Aizpúrua y Ramon Puig i Gairalt murieron durante la Guerra Civil, Josep Lluís Sert se exilió primero a París y luego a Estados Unidos, Lacasa se fue a Rusia, Antoni Bonet Castellana a Argentina y Germà Rodríguez Arias a México y Chile. Joan Baptista Subirana, Sixte Illescas y los demás que se quedaron en España fueron gravemente depurados.

Tras la Guerra Civil, varios años después, llegaría el relevo generacional con el Grupo R (1951-1961), que incluía arquitectos de diferentes generaciones, con Francesc Mitjans actuando de nexo de unión, para recuperar las vanguardias rompedoras de antes de la Guerra Civil y poder cortar con los academicismos monumentalistas de la posguerra. A sus miembros ya consagrados, como Josep Antoni Coderch, Josep Maria Sostres, Antoni de Moragas, Joaquim Gili y Manuel Valls, se sumaron jóvenes arquitectos como Oriol Bohigas, Josep Maria Martorell, Josep Pratmarsó y Manuel Ribas i Piera. Y posteriormente, Josep Antoni Balcells, Francesc Bassó, Guillermo Giráldez y Francesc Vayreda.

La recuperación

En pleno tardofranquismo, la primera recuperación del Racionalismo se produjo con el retorno de Josep Lluís Sert a finales de los años sesenta y con la construcción por su parte del conjunto residencial Les Escales Park (1973) y, unos años después, la Fundación Miró (1975). Ya tras la muerte del dictador, llegaron las reconstrucciones del pabellón de Mies Van der Rohe y Lilly Reich (1983-1986) por iniciativa de Oriol Bohigas, a cargo de los arquitectos Ignasi de Solà-Morales, Cristian Cirici, Fernando Ramos y Anna Vila, y la del Pabellón de la República (1992) a cargo de Antoni Ubach, Miquel Espinet y Juan Miguel Hernández León por iniciativa del Ayuntamiento de Barcelona. En los últimos años, descendientes y estudiosos de los arquitectos racionalistas han colaborado en la difusión del movimiento y de sus artífices y han publicado libros y documentos, como *Sixte Illescas arquitecto (1903-1986): de la Vanguardia al Olvido*, de Manuel Brullet (2004), o han cedido sus archivos personales al archivo del COAC –Colegio de Arquitectos de Cataluña– (el de Torres Clavé en 2007). También nos llegan noticias resaltando los últimos descubrimientos, restauraciones, aperturas al público e iniciativas varias referentes a la arquitectura racionalista en Barcelona.

Nueve itinerarios para descubrir

El equipo que ha trabajado en esta guía espera que la presente recopilación en forma de nueve itinerarios urbanos sea también una aportación al conocimiento de una etapa tan fructífera como desconocida de la arquitectura de Barcelona, y que siga estimulando la investigación sobre este tema, que nos ha apasionado en los últimos meses. Nuestra pequeña aportación consiste en añadir una breve visita al cementerio de Montjuïc para descubrir su arte funerario racionalista. Son itinerarios que se pueden recorrer cómodamente, a pie o en transporte público, y que revelan edificios tan interesantes como desconocidos.

En algunos casos, las casas eran referenciadas en itinerarios anteriores como "edificio de viviendas" y hemos decidido darles el nombre de su promotor, es decir, la persona que las mandó construir. En otros casos tenían nombres inventados, como las casas Josefa López, que nosotros denominaremos en la guía casa Sert de Muntaner y casa Sert de Rosselló. También hemos clarificado las casas Barangé I y Barangé II, que recibían una larga lista de nombres diferentes según la publicación.

Hemos constatado felizmente a lo largo de nuestra investigación que muchas personas se dedican con afán a proteger el patrimonio racionalista y a divulgarlo, pero por otro lado también nos ha sorprendido con tristeza que este patrimonio no esté suficientemente blindado. Por ejemplo, no hemos podido localizar las bonitas puertas del desaparecido Pabellón de los Artistas Reunidos de la Exposición de 1929, que hasta hace no tanto tiempo se exhibían en un establecimiento de la rambla de Catalunya, y seguimos con estupefacción el caso de la destrucción a ojos del mundo y a plena luz del día, a pesar de las denuncias en la prensa, en agosto de 2015, de la obra protegida de Josep Lluís Sert en el interior de la histórica Galería Joan Prats, también en la rambla de Catalunya, así como la desaparición de los interiores de la antigua Joyería Roca en 2024. Esperamos contribuir, a través de la divulgación, a un mejor conocimiento de la arquitectura racionalista y que ello se traduzca en un beneficio para toda la sociedad, como deseaban los racionalistas.

Tate Cabré

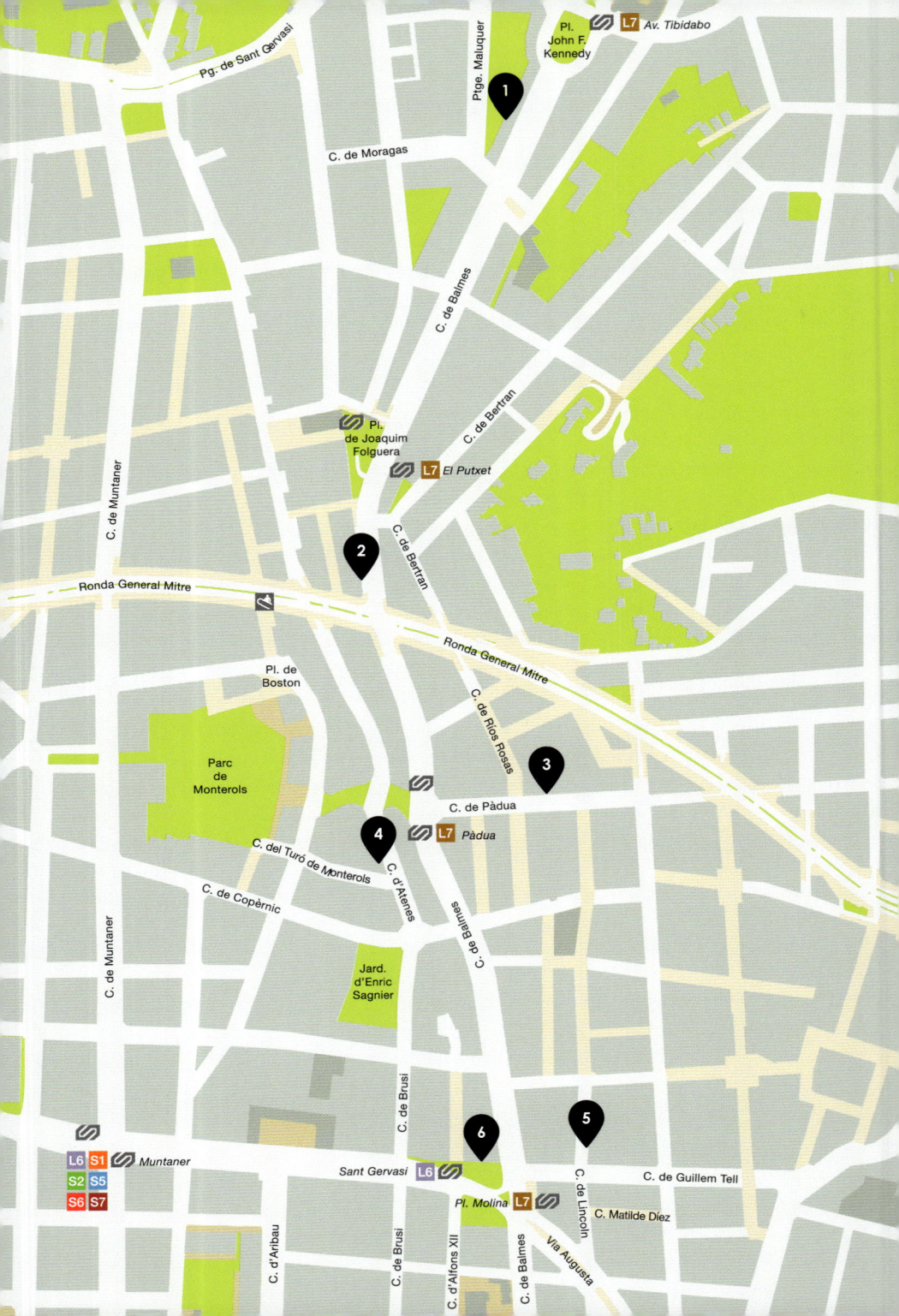

Pg. de Sant Gervasi

C. de Moragas

Ptge. Maluquer

Pl. John F. Kennedy

L7 Av. Tibidabo

1

C. de Balmes

C. de Bertran

Pl. de Joaquim Folguera

L7 El Putxet

C. de Bertran

2

Ronda General Mitre

Ronda General Mitre

Pl. de Boston

C. de Ríos Rosas

Parc de Monterols

3

C. de Pàdua

L7 Pàdua

C. del Turó de Monterols

C. de Copèrnic

4

C. d'Atenes

C. de Balmes

C. de Muntaner

Jard. d'Enric Sagnier

C. de Muntaner

C. de Brusi

5

L6 S1 Muntaner
S2 S5
S6 S7

Sant Gervasi

L6

6

Pl. Molina

L7

C. de Guillem Tell

C. de Lincoln

C. Matilde Díez

C. d'Aribau

C. de Brusi

C. d'Alfons XII

C. de Balmes

Via Augusta

1. SANT GERVASI: DE LA BONANOVA A GALVANY

Empezamos este itinerario, que podemos realizar en media hora (2 km), en la plaza Kennedy. Allí encontramos **el Frare Negre**, que con sus dos fachadas marca la transición del Racionalismo de los años 1930 hacia el eclecticismo de los años 1940. Entramos en los jardines de Maluquer por el pasaje del mismo nombre para ver su fachada más purista. Seguimos por la calle Balmes hasta el cruce con la ronda General Mitre para descubrir la inmensa casa transatlántico de **Lluís Jara**. A continuación, en el barrio del Putxet, nos esperan tres edificios de viviendas entre medianeras de Sixte Illescas, mucho más representativos del Racionalismo en la ciudad condal que el bloque de grandes dimensiones que volvemos a encontrar en la plaza Molina con el espectacular edificio que la preside, la casa de **Jaume Sans Ribalta**.

1 El Frare Negre y Jardines Maluquer (1935)
Eusebi Bona i Puig

2 Casa Lluís Jara Urbano (1935)
Josep Soteras Mauri

3 Casa Illescas o Casa de Vidrio (1933)
Sixte Illescas i Mirosa

4 Casa Illescas de la calle Atenes (1933)
Sixte Illescas i Mirosa

5 Casa Illescas de la calle Lincoln (1935)
Sixte Illescas i Mirosa

6 Casa Jaume Sans Ribalta (1934)
Jaume Mestres i Fossas

1. EL FRARE NEGRE Y JARDINES MALUQUER (1935)

Eusebi Bona i Puig

Este gran conjunto residencial racionalista, de lenguaje contundente y monumental, que incluso integra unos jardines, nace en el paseo de Sant Gervasi y se despliega en plano continuo descendente siguiendo las inflexiones de la plaza Kennedy, a lo largo de la calle Balmes.

Con el juego de huecos y llenos de ventanas y tribunas de la fachada del pasaje Maluquer, el lenguaje se vuelve más flexible y distendido y muestra parentesco con los bloques de pisos racionalistas del Eixample de Jaume Mestres i Fossas, Pere Benavent de Barberà o Sixte Illescas Mirosa.

Eusebi Bona i Puig fue un arquitecto versátil y todo terreno, formado en el Novecentismo y, del mismo modo que su compañero de generación Raimon Duran i Reynals, era capaz de proyectar en un mismo momento obras bien diferenciadas siguiendo diversas corrientes estéticas, conforme al gusto del cliente. No llegó al Racionalismo a través del GATCPAC, ya que era doce años mayor que la generación de jóvenes arquitectos encabezada por Sert, sino por propia evolución, en contacto constante con las corrientes internacionales.

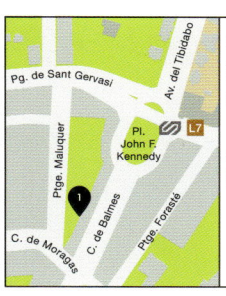

Paseo de Sant Gervasi, 26-32 / Balmes, 429-449 / Pasaje Maluquer, 1-22
Sant Gervasi-La Bonanova

Bus: 75, 123, H4 y V13
Metro: L7, estación Av. Tibidabo

PALACIO DE PROYECCIONES

En una evolución europeizante del Novecentismo hacia una fusión Sézession o Art Déco, también conocida como "estilo 1925", a raíz de su centralidad en la Exposición Internacional de París del mismo año, se alzaba el desaparecido Palacio de Proyecciones, obra de Eusebi Bona i Puig y Francisco Aznar, para la Exposición Internacional de 1929. Era un edificio tan moderno como su material expositivo, lo más nuevo en imagen, fotografía y proyecciones de cine, incluyendo las primeras muestras de cine hablado.

© Colección particular. Sònia Turon

2. CASA LLUÍS JARA URBANO (1935)

Josep Soteras Mauri

Josep Soteras Mauri proyectó este imponente edificio en forma de transatlántico, con la proa encarada a la calle Balmes y la popa a la calle Miño, para el ingeniero de caminos Lluís Jara Urbano, planificador del trazado del metro de Barcelona en los años 40 y alcantarillado en los 50, como ingeniero jefe del Ayuntamiento. Se compone de planta baja más seis, con dos viviendas inmensas por rellano y un solo ático que las supera en extensión, ajardinado por ambos lados y decorado con dos ojos de buey en la fachada de Ronda General Mitre, que consolidan la estética aerodinámica del edificio.

Soteras subrayaba el hecho de haber utilizado materiales tradicionales como el mosaico hidráulico y el ladrillo junto a materiales modernos como el linóleo o el hormigón celular. El paramento de la fachada alterna el ladrillo vista con los sillares hechos de hormigón y montados en franjas verticales, que junto a las franjas de ventanas horizontales forman una ordenada cuadrícula. Estas ventanas se alternan con balcones formando el típico juego de huecos y llenos del expresionismo racionalista, tan en boga en los bloques de viviendas proyectados por los miembros del GATCPAC.

Balmes, 371 / Ronda General Mitre
Sant Gervasi-La Bonanova

Bus: 131, H6 y V15
Metro: L7, estación El Putxet

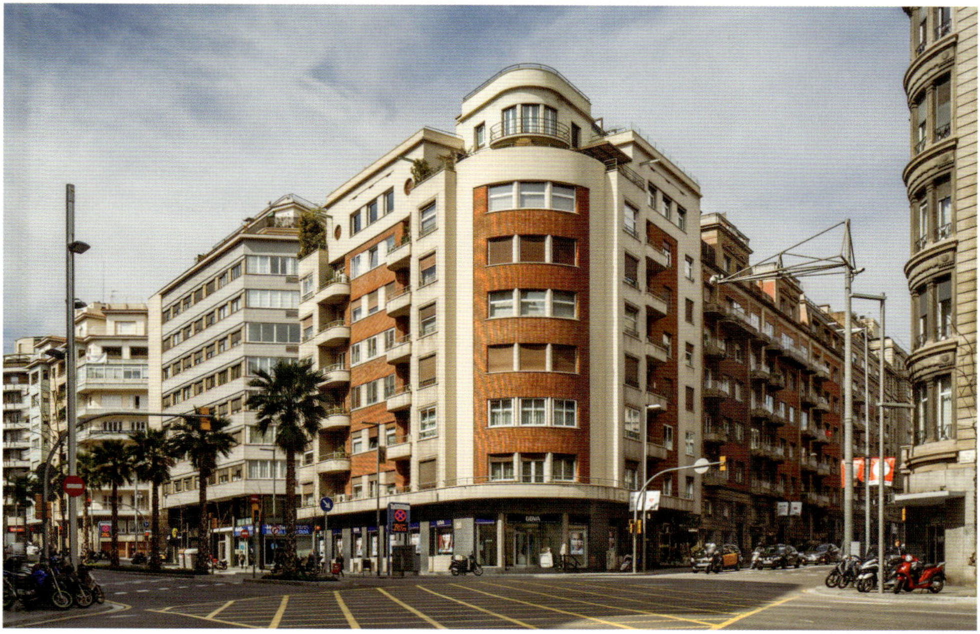

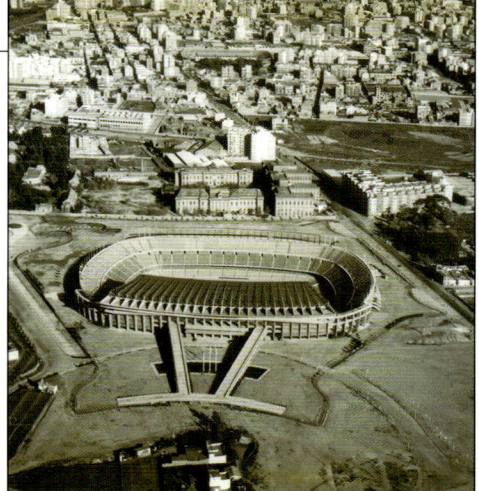

SOTERAS, ARQUITECTO Y URBANISTA

"Si quieres construir en las aceras, telefonea a Soteras, si quieres construir hoy, telefonea a Bordoy"

Esta frase se popularizó en la época en que Soteras y Bordoy fueron arquitectos municipales del Ayuntamiento de Barcelona bajo la alcaldía de Josep Maria de Porcioles. Después de su breve incursión en la arquitectura racionalista de preguerra, Soteras se especializó en urbanismo y desarrolló una extensísima carrera con mucha obra personal y en colaboración con otros arquitectos. También ejerció una larga lista de cargos públicos hasta su muerte en 1989.

© AFB – Autor desconocido

3. CASA ILLESCAS O CASA DE VIDRIO (1933)

Sixte Illescas i Mirosa

Junto con la Casa Vilaró, conocida popularmente como "la casa barco" (ver pág. 162), el bloque de la calle Pàdua es el edificio más conocido de Sixte Illescas. Es una de las obras icónicas del Racionalismo en bloques de pisos, y como tal aparece en todos los estudios sobre esta corriente fundacional de la arquitectura catalana moderna.

Illescas actuó al mismo tiempo como promotor y como arquitecto, y hoy en día la casa sigue siendo propiedad de sus descendientes, que a medio plazo tienen la intención de sustituir la cerámica verde que provisionalmente cubre la planta baja, por los vidrios verdes originales que le dieron el apelativo de la Casa de Vidrio, evocación de la Maison de Verre de París, de Pierre Chareau (1928-1932).

La casa no solo creó impacto visual por los detalles exteriores -sinuosidad de los colores azul cielo y verde, rejillas verticales en los balcones-terraza, paramento en vidrio en los bajos- sino también por el interiorismo de la "casa-barco" en la escalera de vecinos, con ascensor de caja metálica glaseada; y en los elementos constructivos explicados en las publicaciones técnicas de la época: dúplex con terraza en el último piso, zócalos romos y conductos para tirar la basura hasta el incinerador, todos ellos previamente ensayados en la casa Vilaró en 1929 (ver pág. 162).

Pàdua, 96 / Ríos Rosas, 30
El Putxet i el Farró

Bus: H6 y V15
Metro: L7, estación Pàdua

MIEMBRO FUNDACIONAL DEL GATCPAC

© AFB – Josep M. Sagarra

Feria de dibujo, 1932, organizada por Montserrat Isern, propietaria de las Galerias Syra. Proyecto del recinto realizado por el GATCPAC.

Sixte Illescas formó parte junto con J.Ll. Sert, A. Bonet Castellana, J. Torres Clavé, R. Duran Reynals, G. Rodríguez Arias y J.B. Subirana del corazón fundacional del GATCPAC, que reunió a compañeros de estudios de tres promociones diferentes. A lo largo de los años serían socios directores, además de los ya mencionados y de él mismo: M. Subiño, C. Alzamora, P. Armengou, J. Mestres Fossas, F. Fàbregas, R. Ribas Seva y J. González Esplugas. Entre los socios industriales figuraban: Butsems, Catalana de Gas, Escofet, Siemens, Companyia del Gramòfon SA, Erebus, Frigidaire, Asland, Galerías Syra y Compañía Roca de Radiadores, como puede verse en los anuncios de la revista *AC*.

4. CASA ILLESCAS DE LA CALLE ATENES (1933)

Sixte Illescas i Mirosa

Se trata de un impactante conjunto de tres grandes bloques de pisos en chaflán, con planta baja y cinco plantas cada uno de ellos, en el que, como en las otras dos obras suyas que vemos en este itinerario, Sixte Illescas actuaba como propietario y como arquitecto al mismo tiempo.

Cada bloque tiene un coronamiento distinto, con alternancia de barandillas y pérgolas, y el conjunto queda unificado con el estucado rosado de la fachada y el juego de volumetrías rectangulares que forman los balcones de obra y sus tribunas, todos con barandillas blancas en aspa, una referencia a la *domus romana*.

El conjunto ha sufrido muchas modificaciones respecto al proyecto de 1933. La más importante en 1953, cuando se levantaron tres pisos más en la fachada de la calle Turó de Monterols, desde donde se accede al garaje y al jardín posterior. Las fachadas que dan al mismo adquieren un atrevido tono rojizo como el de la casa Illescas de la calle Lincoln.

Atenes, 5 /
Turó de Monterols, 2-4
Sant Gervasi-Galvany

Bus: V15
Metro: L7, estación Pàdua

VIAJE INICIÁTICO POR EL VANGUARDISMO

Escuela Bauhaus, Dessau

Dos años antes de fundar el GATCPAC en 1929, el verano de 1927, Sert, Torres Clavé e Illescas viajaron a Italia para conocer la obra de Palladio. También viajaron por Alemania para visitar la escuela Bauhaus, obra de Walter Groupius, en Dessau y el barrio de chalets Weissenhof siedlung construido por los arquitectos más avanzados de la época en Stuttgart con motivo de la exposición "Die Wohnung" (La Vivienda), organizada por el grupo Deutscher Werkbund y liderada por Mies van der Rohe, que defendía una nueva arquitectura para la casa.

5. CASA ILLESCAS DE LA CALLE LINCOLN (1935)

Sixte Illescas i Mirosa

Éste es el último de los tres bloques de pisos que Illescas proyectó para su familia en la zona alta de Barcelona y el único que se acogió a la Ley Salmón de exenciones fiscales del año 1935, que como veremos en los itinerarios siguientes, propició un impulso constructor de bloques de viviendas de alquiler en la época republicana.

Se trata de un edificio de planta baja y tres pisos con entrada centralizada y dos cuerpos diferenciados, que combina en la fachada los balcones-terraza de barandillas tubulares, las placas de fibrocemento y las ventanas apaisadas. Illescas no acabó la dirección de obra, que fue continuada por Pere-Jordi Bassegoda Musté. El estucado es rojizo, y ha precisado de una restauración en 2017.

Desde este edificio se puede hacer una extensión al vecino distrito de Gràcia, a la calle Pi i Margall, 17, para descubrir otro edificio de Illescas del mismo año 1935 con todas las características programáticas de los anteriores edificios del itinerario 1.

Lincoln, 42
El Putxet i el Farró

Bus: 27, D40 y V15
Metro: L6, estación Sant Gervasi
L7, estación Pl. Molina

RACIONALISMO IBICENCO

© A.C., 1935

Sixte Illescas da nombre a una calle de la urbanización Can Pep Simó, en Ibiza. Él y otros arquitectos del GATCPAC, Josep Lluís Sert, Germà Rodríguez Arias y Josep Torres Clavé, se enamoraron de la isla y colocaron Ibiza en la ruta del vanguardismo de los años 30, poniendo en valor su arquitectura mediterránea, vernácula, funcional para protegerse de los elementos naturales, una arquitectura depurada a lo largo de milenios de evolución humana, que este grupo fusionó con las premisas del GATCPAC.

6. CASA JAUME SANS RIBALTA (1934)

Jaume Mestres i Fossas

El edificio Sans de la plaza Molina es la obra más conocida de Jaume Mestres Fossas, que procedente de un Novecentismo artdecoizado en sus obras de1929, fue imbuyéndose de un Racionalismo europeo que lo llevó a hacerse miembro del GATCPAC a pesar de que nunca acabó de identificarse con éste. Fruto de esta evolución encontramos el desaparecido edificio de la editorial Seix Barral (1930) y el conjunto de la plaza Molina, proyectado unitariamente pero ejecutado en dos fases como si fuesen dos edificios separados.

El edificio que da a la calle Balmes se finalizó en 1936 mientras que el que da a Alfonso XII se finalizó en 1942. Ambos edificios tienen planta baja más seis plantas y dos viviendas por rellano, así como una composición simétrica y equilibrada en las fachadas, con los chaflanes a manera de torres coronadas escalonadamente.

La estructura a base de pilares de carga, paredes de ladrillo y revoltones a la catalana, visibles en los locales comerciales, permite que al no haber muros de carga la distribución interior pueda ser libre. Los vestíbulos y los huecos de escalera son muy distintos entre sí, con mejor calidad de materiales y diseño en el 1-3 que en el 5-7.

**Plaza Molina, 1-3 /
Alfons XII /
Plaza Molina, 5-7 / Balmes**
Sant Gervasi-Galvany

Bus: 27, D40 y V15
Metro: L6, estación Sant Gervasi
L7, estación Pl. Molina

ARQUITECTO, DEPORTISTA Y POLÍTICO

© BNC

Jaume Mestres Fossas combinó la arquitectura con sus otras pasiones: fue plusmarquista catalán (1914-15) y español (1915) de los 1.500 metros libres, primer presidente de la Federación Catalana de Natación y uno de los impulsores de la candidatura olímpica de Barcelona de 1924. También escribió un libro titulado *Natación* (1930). Como activista político, era seguidor de Lluís Nicolau d'Olwer, miembro de Acción Catalana (escisión izquierdista de la Liga Regionalista) y se presentó a las elecciones municipales de abril de 1931.

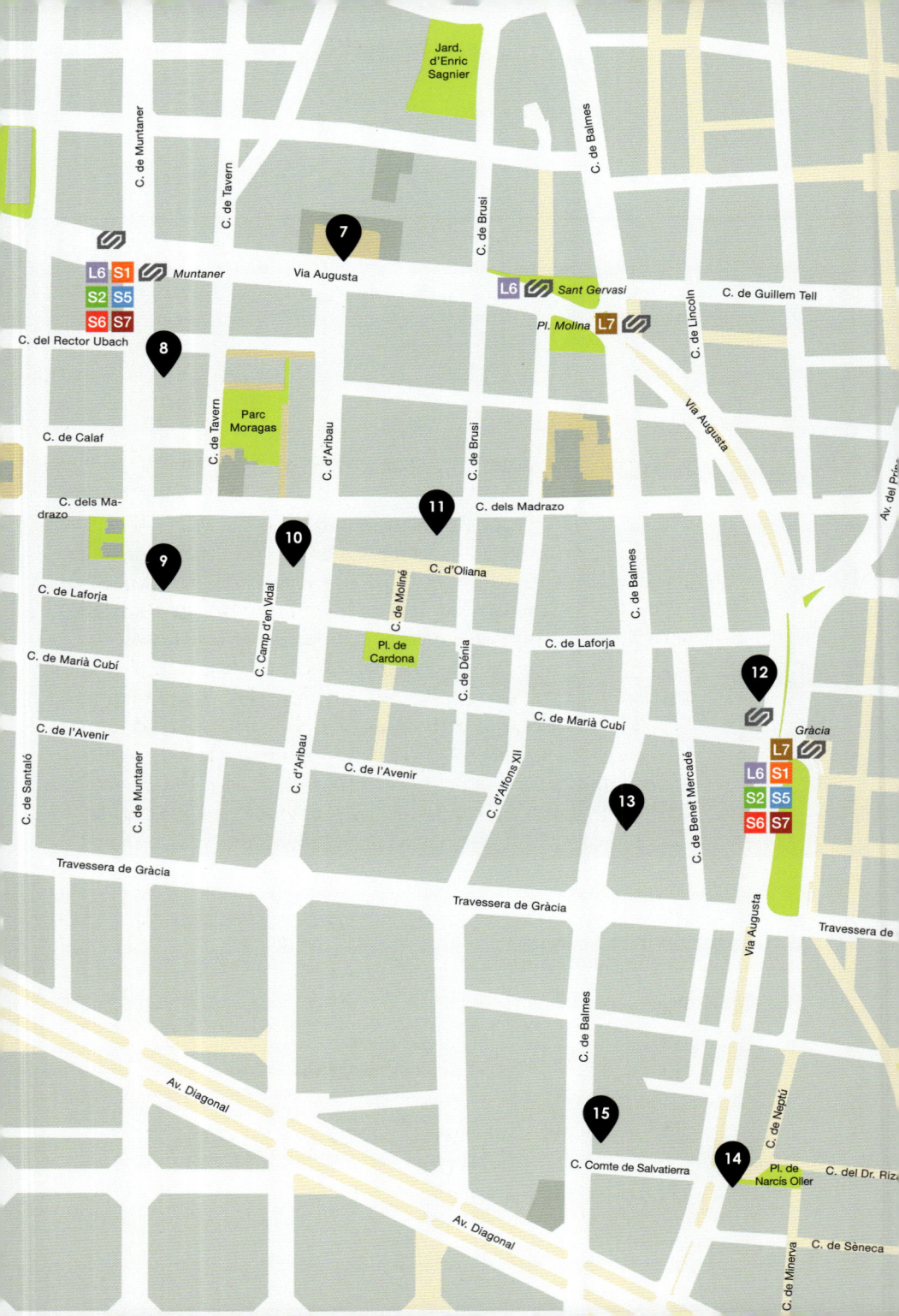

2. SANT GERVASI: DE GALVANY A GRÀCIA

El itinerario del núcleo duro del Racionalismo barcelonés tiene como frontera a levante la Vía Augusta y a poniente la calle Muntaner. Se puede realizar en media hora (2,5 km) e incluye dos edificios icónicos del GATCPAC: la **Casa Sert** de Muntaner y la **Casa Rodríguez Arias** en la Vía Augusta. Partimos de la **antigua Mutua Escolar Blanquerna** y seguimos andando hasta el cruce de la calle Muntaner con Rector Ubach para ver la **Casa Sert**. Más abajo encontramos la **clínica Barraquer** en la esquina con la calle Laforja. Nos adentramos en el barrio para visitar dos casas más y volvemos a la Vía Augusta, desde la que hacemos dos veces un zigzag en Balmes. Finalizaremos la ruta antes de cruzar la Diagonal con los vibrantes colores de la **Casa Pidelaserra**, en la esquina con la calle Comte de Salvatierra.

7 Mutua Escolar Blanquerna, hoy IES Menéndez y Pelayo
Jaume Mestres i Fossas

8 Casa Sert de Muntaner (1930)
Josep Lluís Sert i López

9 Clínica Barraquer (1934)
Joaquim Lloret Homs

10 Casa Jaume Espona i Brunet (1932)
Raimon Duran i Reynals

11 Casa Maria Cabra Urgell (1931)
Pere Benavent de Barberà i Abelló

12 Casa Trinitat Arias o Rodríguez Arias (1930)
Germà Rodríguez Arias

13 Casa Maria Esquerdo Grau (1931)
Pere Benavent de Barberà i Abelló

14 Casa Santiago Roca Barallat (1935)
Carles Martínez Sánchez

15 Viviendas Pidelaserra (1930)
Ramon Puig i Gairalt

7. MUTUA ESCOLAR BLANQUERNA, HOY IES MENÉNDEZ Y PELAYO (1932)

Jaume Mestres i Fossas

La escuela fue proyectada según los axiomas racionalistas y teniendo en consideración las necesidades de un edificio educativo. Sin embargo, el edificio actual es muy diferente al del proyecto inicial, pensado para ser ejecutado por fases pero que no llegó a acabarse: se han añadido una sala de actos y un gimnasio y se han llevado a cabo diversas remodelaciones. En origen, la primera fase construida tenía planta en L, con el patio de recreo en el interior. Constaba de planta baja más cuatro plantas y cubierta con azotea a la catalana para ampliar el área de juegos al aire libre. La planta baja debía ser un porche para facilitar las actividades pedagógicas y comunicar el exterior con el interior.

A las aulas, orientadas hacia el sur, con ventanas apaisadas para facilitar el soleamiento, se accede por un pasillo de tres metros de ancho que hace de distribuidor a los equipamientos orientados hacia el norte. En cada extremo de los brazos hay escaleras, cerca de los lugares importantes como el aula magna o los vestíbulos, y los lavabos se concentran en el extremo del brazo más largo. La estructura es metálica sostenida sobre pilares o *pilotis*. >

❯ Las remodelaciones significaron, entre otras cosas, el alargamiento del brazo orientado a la calle Aribau. Pese a la última ampliación de los años 70, que hizo que se perdiese el aerodinamismo del proyecto inicial, el aroma Art Déco todavía impregna las redondeces y la suavidad de los diseños interiores en barandas, escaleras, muros de pavés y columnas cilíndricas.

LA MUTUA ESCOLAR BLANQUERNA

Parvulario

© Colección particular. Sònia Turon

El proceso de disolución de la Mancomunitat de Catalunya por la Dictadura de Primo de Rivera incluía el sistema de enseñanza, pero justo antes que ello sucediese, en 1923, el pedagogo Alexandre Galí, junto con un grupo de padres, fundaron la Mutua Escolar Blanquerna en Barcelona, con una pedagogía centrada en la música y en el método Montessori. El nombre de la institución proviene de la pluma de Ramón Llull, que hace que el personaje Blanquerna exponga un plan educativo. Fueron alumnos de esta institución muchos personajes ilustres de la cultura catalana.

En 1939 fue disuelta de facto por las autoridades franquistas, que expropiaron el edificio escolar, pagado por los padres de los alumnos, y lo convirtieron en el Instituto Menéndez y Pelayo.

Via Augusta, 138-156
Sant Gervasi-Galvany

Bus: 27, D40, V13 y V15
Metro: L6, estación Sant Gervasi
L7, estación Pl. Molina
L6 / S1 / S2 / S5 / S6 / S7, estación Muntaner

8. CASA SERT DE MUNTANER (1930)

Josep Lluís Sert i López

La casa Sert de Muntaner se la encargó al arquitecto su madre, Jenara López, por lo que a veces aparece referenciada con su nombre, como promotora. También se la puede encontrar con el nombre de casa Josefa López, por error de transcripción, como nos ha confirmado la familia Sert.

Fue habitada por el propio arquitecto en el estudio con terraza-jardín de la última planta, igual que la casa que el arquitecto construyó en la calle Rosselló (ver pág. 72), también por encargo de Jenara López Díaz de Quijano, que las hizo construir para alquilarlas.

El edificio consta de planta baja más seis más tres estudios en la parte superior. Tiene dos viviendas dúplex por rellano, como sería característico en la obra de Sert en adelante. El edificio hace chaflán y las fachadas se estructuran a partir de dos crujías metálicas en la calle Muntaner y paredes de obra maestra en la calle Rector Ubach. El juego de huecos-llenos dibuja una fachada neoplasticista con aires lecorbusieranos, marcada por el contraste del color verde claro y gris pálido en los salientes

y verde oscuro en los entrantes, con un zócalo pintado de negro. Igual que en la casa Illescas de la calle Pàdua, la basura se tira por tubos internos, las barandillas de los balcones son tubulares y las ventanas apaisadas.

LOS DÚPLEX

La tipología dúplex se convirtió en la solución preferida de Sert para optimizar el espacio, ya que facilitaba la supresión de los largos pasillos típicos de los pisos del Eixample y permitía licencias como la doble altura en la sala de estar. Esta estrategia la llevó hasta las últimas consecuencias, también en la Fundación Miró con la balconada para la zona de esculturas.

Muntaner, 342-348 / Rector Ubach, 21
Sant Gervasi-Galvany

Bus: 68, V11 y V13
Metro: L6 / S1 / S2 / S5 / S6 / S7, estación Muntaner

9. CLÍNICA BARRAQUER (1934)

Joaquim Lloret Homs

Se trata de una clínica oftalmológica futurista, joya viva de la arquitectura funcionalista Art Déco, y única de este estilo del arquitecto Lloret Homs, que con posterioridad se decantó hacia estilos más clásicos y eclécticos.

El edificio no ha dejado de funcionar nunca como clínica, con solamente una reforma en los años sesenta, y siempre ha mantenido impecable la estética amable y vanguardista de la época republicana.

La idea original, con solo tres pisos, se basaba en la estética de las "casas-barco" del primer Racionalismo. Posteriormente, se añadieron dos pisos más, sin que el edificio perdiera el fuerte esteticismo proyectual, con elementos futuristas de gran impacto como la escalera de caracol, la sala con el techo en bóveda parabólica o el gran reloj Art Déco de la recepción. ›

© Fundación Barraquer

> Los criterios funcionales tenían en cuenta a los pacientes con poca o nula visión, y en todas partes dominan las líneas curvas, incluso en los zócalos, resultando un entorno suave, envolvente y agradable, con mármoles pulidos y materiales innovadores y colores blancos y negros.

EL DOCTOR BARRAQUER

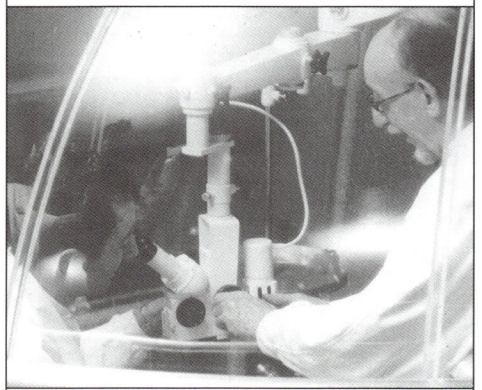

© Fundación Barraquer

Ignasi Barraquer y su hijo Joaquim en la clínica en 1958

Ignasi Barraquer Barraquer (1884-1965) fue un cirujano precoz; a los 13 años ya colaboraba en intervenciones quirúrgicas junto a su padre, eminente oftalmólogo. Inventó innovadores instrumentos y procedimientos médicos que, paralelamente a sus logros profesionales, lo convirtieron en primera autoridad mundial en cirugía oftalmológica. Tenía un claro perfil social y en su clínica combinó la actividad docente con la labor asistencial, al mismo nivel para ricos y pobres.

Laforja, 88 / Muntaner, 314
Sant Gervasi-Galvany

Bus: 27, 68, D40, V11 y V13
Metro: L6 / S1 / S2 / S5 / S6 / S7, estación Muntaner

10. CASA JAUME ESPONA I BRUNET (1932)

Raimon Duran i Reynals

El empresario y gran amigo personal de Duran i Reynals, Jaume Espona i Brunet vivía en la Rambla Catalunya, 25, pero le encargó al arquitecto numerosos edificios de viviendas de alquiler.

Como es bien sabido, algunos arquitectos del GATCPAC construían edificios en estilo racionalista, o bien en estilo clásico, según fuera el gusto del cliente, pero resulta todavía más chocante que Duran i Reynals construyera casas tan diferentes para el mismo cliente, concretamente tres casas Espona en Barcelona: dos claramente racionalistas y otra estilísticamente antagónica y claramente monumental y clasicista, situada en el chaflán de las calles Diagonal/Llúria/Rosselló y conocida por el clásico restaurante Bauma

JAUME ESPONA

Jaume Espona i Brunet (1888-1958) fue un industrial, coleccionista, mecenas y bibliófilo. Natural de Sant Joan de les Abadesses, fue concejal del Ayuntamiento de Barcelona. Entre muchas otras causas sociales, creó la Fundación Espona para ayudar a enfermos desamparados. También cedió la Colección Espona, consistente en 40 incunables, 133 ediciones góticas y 207 ediciones raras, a la Biblioteca de Cataluña. Jaume Espona y Raimon Duran i Reynals, como promotor y arquitecto respectivamente, colaboraron desde 1928 hasta 1944 en más de 20 proyectos, incluyendo pisos de aquiler en Barcelona, la casa de campo en Torelló y la fábrica de Sant Joan de les Abadesses, donde Duran i Reynals proyectó las casas para los obreros de la colonia Espona, en la imagen, y el Molino de Ca l'Espona.

Camp d'en Vidal, 16 / Aribau, 243
Sant Gervasi-Galvany

Bus: 27, 68, D40, V11, V13 y V15
Metro: L6, estación Sant Gervasi
L7, estación Pl. Molina
L6 / S1 / S2 / S5 / S6 / S7, estación Muntaner
L6 / L7 / S1 / S2 / S5 / S6 / S7, estación Gràcia

en los bajos, con fachada de piedra y ladrillo rojo. En cambio, la que nos ocupa, situada en la calle Aribau, es diametralmente contrapuesta: presenta una fachada horizontal, armoniosa, estucada en color crema y con la carpintería verde claro.

Sorprende de entrada que este edificio icóni-co del Racionalismo catalán, de dos viviendas de alquiler por planta y seis pisos de altura, dé la espalda a la calle Aribau y sitúe su entrada en la calle secundaria Camp d'en Vidal. Aunque también Sert, en la casa de la calle Rosselló, dignifica la fachada posterior del edificio a la que dan la mitad de las viviendas.

11. CASA MARIA CABRA URGELL (1931)

Pere Benavent de Barberà i Abelló

Este gran edificio de viviendas de alquiler, construido entre 1935 y 1941, consta de tres bloques de seis plantas y dos viviendas en cada una, con la peculiaridad de que el ático está retrasado respecto a la fachada y forma la bonita galería de arcos de medio punto que se ve desde la calle, dando la sensación de una pérgola de jardín. Las casas-jardín se habían puesto de moda en Barcelona a partir de 1917 con la casa Puig i Cadafalch de la calle Provença, 231.

La fachada es de una gran modernidad, estucada en amarillo crema, y dibuja un interesante juego de llenos y huecos con las volumetrías verticales de las tribunas de medio hexágono que Benavent utiliza a menudo, rematadas, como las ventanas cuadradas, con barandillas tubulares.

Las entradas a los tres bloques están elegantemente revestidas de mármol en el pavimento y todavía se conservan algunas lámparas de diseño racionalista, así como las típicas puertas de vidrio y hierro pintado de negro con diseños

LA LEY SALMÓN DE 1935

Cuando Federico Salmón Amorín, abogado nacido en Burriana (Castellón), se convirtió en Ministro de Trabajo en la II República, impulsó una ley para fomentar la construcción de bloques de viviendas para clases medias (céntrico y con un alquiler no superior a las 250 pesetas) con el presunto objetivo de luchar contra el paro obrero, ofreciendo exenciones fiscales a los promotores de estas obras. Esta ley, formalmente llamada *Ley de 25 de junio de 1935 contra el Paro Forzoso*, tuvo un gran seguimiento, sobre todo en Madrid y Barcelona.

Algunos de estos edificios todavía lucen las placas que el régimen franquista obligó a poner y pagar a los propietarios de los edificios, para homenajear la obra de aquel ministro, que era miembro de la CEDA, y que murió en uno de los fusilamientos de Paracuellos del Jarama en 1936.

ortogonales, en este caso predominantemente verticales.

Se trata de uno de los muchos bloques que en Barcelona se acogieron a la famosa Ley Salmón de 1935 que ofrecía exenciones fiscales a los promotores viviendas de alquiler de calidad a precios asequibles para las clases medias.

Madrazo, 83-87 / Dènia, 33
Sant Gervasi-Galvany

Bus: 27, D40, V13 y V15
Metro: L6, estación Sant Gervasi
L7, estación Pl. Molina
L6 / S1 / S2 / S5 / S6 / S7, estación Muntaner
L6 / L7 / S1 / S2 / S5 / S6 / S7, estación Gràcia

12. CASA TRINITAT ARIAS O RODRÍGUEZ ARIAS (1930)

Germà Rodríguez Arias

Se trata de la casa que este arquitecto, uno de los socios fundadores del GATCPAC, proyectó y edificó para su familia, con planta baja más seis, las dos últimas pensadas como dúplex, dos viviendas por rellano y ascensor. El año 1958 se reformó la planta baja y en el año 1963 se le añadió una planta más.

La estructura del edificio es mixta, entre pies derechos metálicos y ladrillos, y la distribución de los interiores concentra la zona de noche en la fachada de Vía Augusta y la de día en el interior de la manzana de casas. Como característica, las estancias de la zona diurna, se separaban por medio de una mampara en lugar de un tabique.

Las fachadas, puristas y funcionales, combinan ventanas y balcones sobre un fondo estucado liso. Las ventanas utilizadas en las dos fachadas son las estandarizadas según los modelos y medidas del GATCPAC, metálicas las de Vía Augusta y de madera las traseras, todas correderas horizontales. Aquí Rodríguez Arias deja ver la influencia de la Bauhaus y del expresionismo en su obra, que llegará a su punto álgido con el edificio y cine Astoria de la calle París (ver pág. 64).

ARQUITECTOS EN EL EXILIO

© Manel Díaz Jiménez

Con la derrota de 1939 los arquitectos del GATCPAC que sobrevivieron a la Guerra Civil fueron depurados y/o se exiliaron. Rodríguez Arias se exilió primero a México y después a Chile donde es icónico su proyecto para el poeta Pablo Neruda en la Isla Negra. A su regreso en 1957 se instaló en Portinatx, Ibiza, donde construyó una casa para su familia y otra casa emblemática, la Casa Churruca (en la imagen), propiedad de otro arquitecto referente del Racionalismo y del GATCPAC, íntimo amigo de Rodríguez Arias: Ricard Churruca i Dotres. Un edificio de mentalidad claramente racionalista y estética ibicenca que se conoce como de la Segunda Generación, según Albert Illescas, hijo de Sixte Illescas, compañero de generación de Germà Rodríguez Arias.

Via Augusta, 61
Sant Gervasi-Galvany

Bus: 22, 24, 27, 114, D40, V15 y V17
Metro: L6 / L7 / S1 / S2 / S5 / S6 / S7, estación Gràcia

13. CASA MARÍA ESQUERDO GRAU (1931)

Pere Benavent de Barberà i Abelló

Pere Benavent de Barberà proyectó para María Esquerdo Grau este edificio de viviendas económicas de alquiler, con una fachada que es una versión simplificada y horizontal del edificio que había hecho un año antes para su madre en la calle París, 145 (ver pág. 66). Ambos edificios tienen idéntico paramento de obra vista, con las esquinas aplantilladas y redondeadas y con las mismas barandillas tubulares y vigas sube-muebles. La azotea a la catalana hace, en la fachada de la calle Balmes, de terraza de uno de los dos áticos, que está retirado de la línea frontal. El otro ático da a fachada del interior de manzana.

Bajo la cornisa superior en voladizo, destaca una cenefa Art Déco que alterna triángulos pequeños y grandes. El elemento más destacado es una tribuna de hormigón, grande y desproporcionada, en forma del medio hexágono (elemento muy típico de Benavent), que ocupa todo el piso principal. En la otra fachada, el piso despliega unas escaleras para bajar a un pequeño jardín. En la entrada de la calle Balmes, un aplacado de piedra clara recubre los laterales de las puertas de las dos tiendas, y un gran sillar hace de dintel en la puerta principal, que es, como en todas las casas racionalistas de Benavent, de vidrio y de hierro negro y diseño ortogonal.

Sobre la afición de Benavent a utilizar el ladrillo, incluso en los años 50, se la ha querido relacionar tanto con la herencia modernista y novecentista, que él siempre reivindicó en sus escritos, así como con los edificios de la escuela de Amsterdam.

Balmes, 220
Sant Gervasi-Galvany

Bus: 22, 24, 27, 114, D40, V15 y V17
Metro: L6 / L7 / S1 / S2 / S5 / S6 / S7, estación Gràcia

14. CASA SANTIAGO ROCA BARALLAT (1935)

Carles Martínez Sánchez

Una fachada amarilla con la carpintería exterior y barandillas verdes, una fuerte personalidad expresionista y un ritmo intenso de entrantes y salientes a lo largo de seis pisos de altura marcan la icónica casa Roca Barallat, destinada a viviendas de alquiler.

Son juegos de espacios huecos y llenos que se crean a base de combinar ventanas verticales juntas formando ventanales horizontales, con tribunas, y con terrazas cubiertas de manera caprichosa. Todo ello en voladizo sobre la planta baja, de gran altura y recubierta de aplacado de piedra gris.

El edificio ocupa un solar irregular, tiene tres viviendas por planta y una sola entrada de grandes dimensiones por Vía Augusta, para peatones y para vehículos. Para llegar a la escalera, que tiene una curiosa forma curva, y a los ascensores, se camina por una larga rampa que recuerda a los muelles de los edificios industriales. El legado racionalista de Carles Martínez Sánchez no se limita a esta obra ya que colaboró en el año 1936 con Luis Gutiérrez Soto en el edificio Fàbregas (ver pág. 120) o primer rascacielos de la ciudad de Barcelona.

SANTIAGO ROCA

El promotor de este edificio, Santiago Roca Barallat (Barcelona 1892-1977), fue un agente comercial que en el año 1937, durante la Guerra Civil, se exilió a Andorra. Allí ejerció activamente como agente de reclutamiento para la red franquista instalada en el país pirenaico.

**Via Augusta, 12 /
Plaza Narcís Oller, 2**
Gràcia

Bus: 7, 22, 24, 33, 34, H8, V15 y V17
Metro: L3 / L5, estación Diagonal
L6 / L7 / S1 / S2 / S5 / S6 / S7, estación Gràcia
L6 / L7 / S1 / S2 / S5 / S6 / S7, estación Provença

15. VIVIENDAS PIDELASERRA (1930)

Ramon Puig i Gairalt

Ramon Puig i Gairalt construyó para el pintor Marian Pidelaserra un conjunto de dos bloques de viviendas de alquiler. Arquitecto y promotor tenían mucha complicidad y total entendimiento: ambos eran viajeros y conocían las últimas tendencias europeas en construcción y se sentían especialmente atraídos por el expresionismo alemán.

LA RESTAURACIÓN DE 2013

© Zaga Arquitectura

De la mano de los restauradores Emilio Fernández y Nicolás Markuerkiaga y sufragada por la comunidad de propietarios, la casa Pidelaserra vivió una restauración el año 2013, gracias a la cual recuperó todas las pinturas originales que había realizado Marian Pidelaserra en el vestíbulo de uno de los dos bloques del conjunto y que habían desaparecido totalmente con los años.

El énfasis de este conjunto, de planta baja más siete pisos, se sitúa en el chaflán, a modo de torre de homenaje medieval en estilo futurista, construida mediante la superposición de balcones corridos circulares hasta llegar a una torre cilíndrica con cupulino escalonado. Los diversos cuerpos exentos dispuestos sobre la azotea, que engloban estudios, trasteros y lavaderos, etc., lucen vistosos motivos Art Déco poligonales que le aportan movimiento a la fachada.

Marian Pidelaserra era hijo de un empresario del barrio del Poble-sec que, cuando el chico dio por acabado su intento de triunfar en París como artista, lo acogió como al hijo pródigo y le dio trabajo en la empresa familiar. La coyuntura económica fue favorable y con los réditos obtenidos, el pintor pudo hacer construir la casa Pidelaserra y dedicarse a su pasión de pintar durante los últimos años de su vida. Escogió al arquitecto Ramon Puig i Gairalt porque le gustó el chalet que éste construyó para el doctor Ysern Hombrabella, un amigo común.

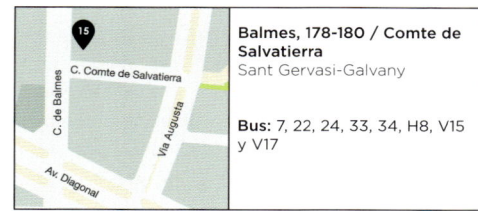

Balmes, 178-180 / Comte de Salvatierra
Sant Gervasi-Galvany

Bus: 7, 22, 24, 33, 34, H8, V15 y V17

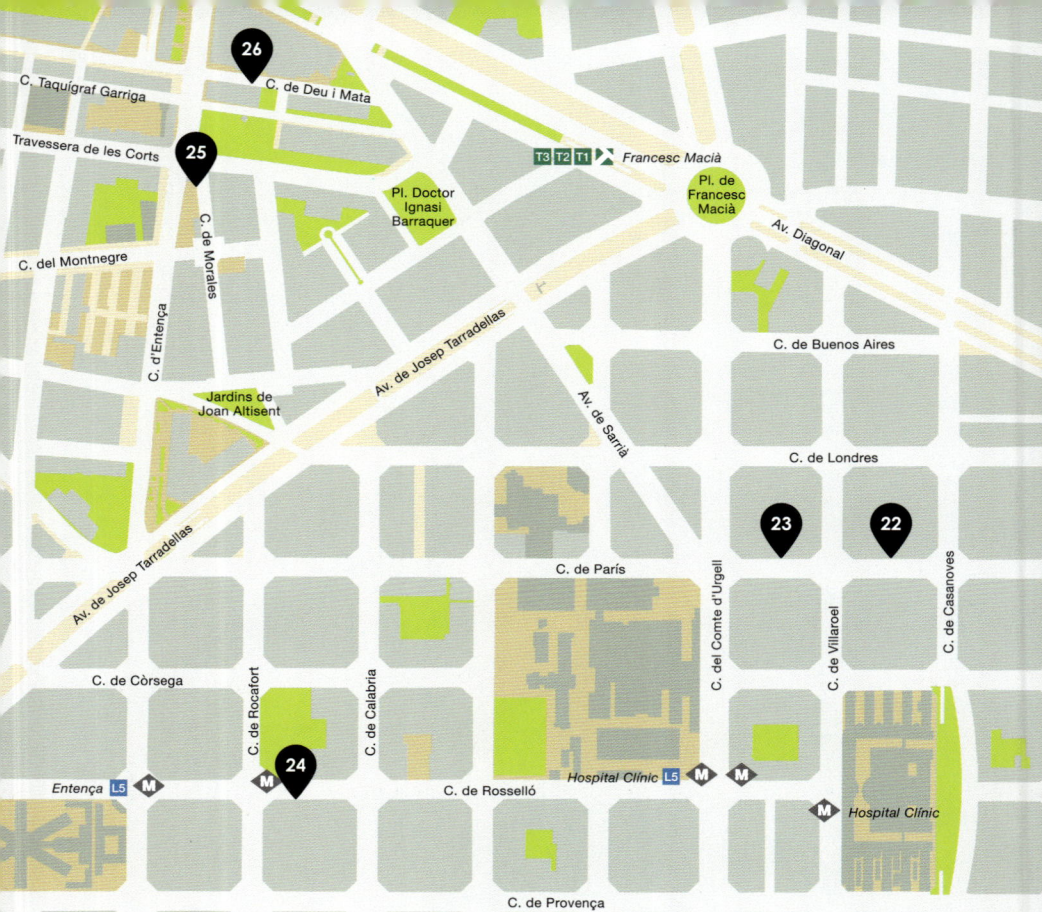

16 Casa Mercè Ymbern de Cardenal (1935)
Raimon Duran i Reynals

17 Casa Jacint Esteva Fontanet (1935)
Pere Benavent de Barberà i Abelló

18 Edificio de apartamentos, actual residencia de
estudiantes (1934)
Ricard Ribas Seva

19 Bloque Diagonal (1935)
*Ricard de Churruca i Dotres y Germà
Rodríguez Arias*

20 Casa Concepció Ràfols i Martí (1935)
Sixte Illescas i Mirosa

21 Edificio y Cine Astòria (1932)
Germà Rodríguez Arias

22 Casa Magdalena de Barberà Vergés (1930)
Pere Benavent de Barberà i Abelló

23 Casa Lluís Cardona y Rita Cardona
Canadell de Munté (1935)
Pere Benavent de Barberà i Abelló

24 Casa Sert de Rosselló (1929)
Josep Lluís Sert i López

25 Casa Rafael Parcerisas Serra (1941)
Fernando de la Escosura Pulido

26 Casa Sardañés i Bonet (1935)
Ramon Puig i Gairalt

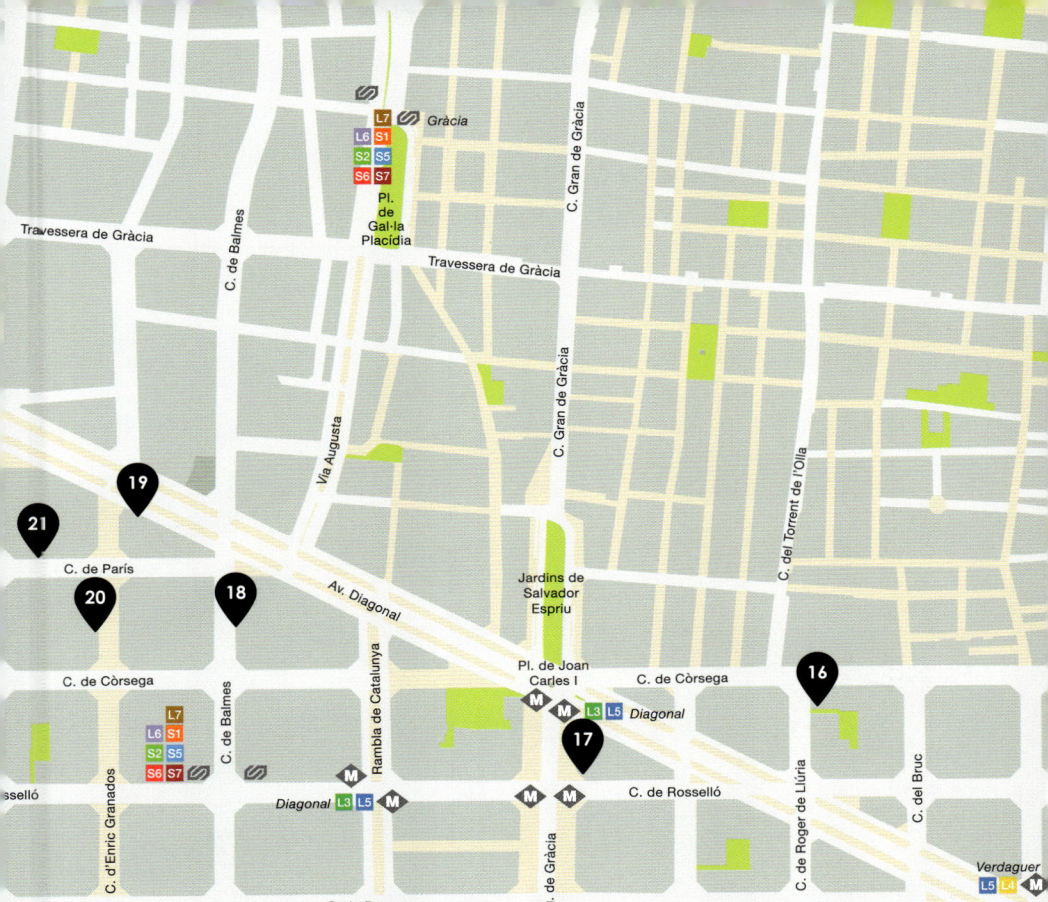

3. ALTO EIXAMPLE Y LES CORTS

El tercer itinerario es de 4 km. Para disfrutar de este recorrido con comodidad, recomendamos realizar algunos tramos en los autobuses que recorren la Diagonal, tras ver las casas **Ymbert** y **Jacint Esteva**, hasta la parada de la plaza Barraquer, a 220 metros de la **Casa Sardañés i Bonet**. Podemos subir y bajar de alguna de las seis paradas del recorrido para ver las otras ocho casas. Esta ruta incluye cuatro casas canónicas del GATCPAC: la **Casa Ymbert de Cardenal**, el **Bloc Diagonal**, el **cine Astoria** y la **Casa Sert de Rosselló**.

16. CASA MERCÈ YMBERN DE CARDENAL (1935)

Raimon Duran i Reynals

![Casa Mercè Ymbern de Cardenal building photograph]

La casa Ymbern es uno de los iconos del Racionalismo Catalán: Por la marcada horizontalidad de las tres fachadas, por las barandillas y las columnas tubulares, y por la voluntad de crear volúmenes mediante el uso de diferentes colores: granate en el interior de las terrazas, color crema en la fachada y marrón en las persianas, algunos estudiosos han encontrado

Roger de Llúria, 132-138 / Còrsega, 364
Dreta de l'Eixample

Bus: 7, 22, 24, 33, 34, 39, 45, 47, H8, V15 y V17
Metro: L3 / L5, estación Diagonal
L4 / L5, estación Verdaguer
L6 / L7 / S1 / S2 / S5 / S6 / S7, estación Provença

cierto parecido con un icónico proyecto de edificio de oficinas de hormigón de Ludwig Mies Van der Rohe. El edificio consta de planta baja más seis plantas y de tres viviendas por rellano. En la parte derecha de la fachada, un pasaje lleva a los jardines de Carme Biada, en el interior de la manzana.

Duran i Reynals construyó esta casa en el año 1935, al mismo tiempo que la casa Espona (ver pág. 182), en la misma manzana de casas del Eixample, tres números más abajo de la calle Roger de Llúria. Una y otra edificación no tienen nada que ver estilísticamente: la casa Ymbern es funcionalista y purista mientras que la casa Espona tiende al estilo arquitectónico de la escuela de Chicago y a un cierto clasicismo renacentista. En ese sentido, Duran i Reynals fue un arquitecto novecentista versátil que dejaba escoger el estilo de sus casas a sus clientes y se adaptaba a cada situación.

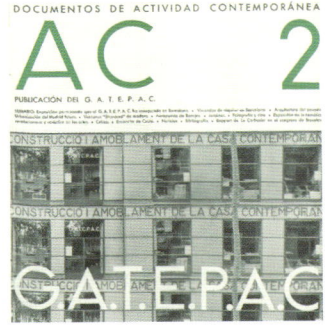

© Colección particular - Pep Ferré

LA REVISTA A.C.

La revista *A.C. (Documentos de Actividad Contemporánea)* (1931-1937) fue el medio de expresión y difusión del movimiento racionalista español GATEPAC. Se editaron 25 números, redactados e impresos en Barcelona. Los directores de la revista eran Josep Lluís Sert y Josep Torres Clavé, socios fundadores del GATCPAC. *A.C.* es la herramienta indispensable para aproximarse a la obra y el espíritu del Racionalismo español de época republicana.

17. CASA JACINT ESTEVA FONTANET (1935)

Pere Benavent de Barberà i Abelló

El edificio también se conoce como "La Punyalada", debido al famoso café-restaurante que alojó en el chaflán hasta 1998, sede de célebres tertulias de artistas, sobretodo de la "Peña Punyalada". Hoy acoge, además de cuatro tiendas en los bajos, diferentes dependencias del hotel Sir Victor. El edificio cuenta con siete pisos, con el ático y el sobreático ajardinados.

En la fachada, revestida de mármol rosa de Portugal en la planta baja y de piedra artificial en el resto del paramento, se aprecia el lujo y la nobleza de los materiales que también caracterizan los vestíbulos Art Déco: puertas de vidrio que hacen ostentación de un primoroso diseño en madera y hierro; mármol negro y mármol blanco en bonitas combinaciones, y en la portería número 104, una hornacina en arco de medio punto con un interesante trabajo de relieve en vidrio de una bailarina. También fueron diseñados con exquisitez la caja de escalera, el arranque de ésta y el ascensor.

Adornan el chaflán tres típicos arcos de punto redondo novecentistas que Benavent de Barberà adoptó del Renacimiento florentino brunelleschiano al comienzo de su carrera y que ya no abandonaría nunca.

Paseo de Gràcia, 104-108 / Rosselló
Dreta de l'Eixample

Bus: 7, 22, 24, 33, 34, 39, H8, V15 y V17
Metro: L3 / L5, estación Diagonal
L4 / L5, estación Verdaguer
L6 / L7 / S1 / S2 / S5 / S6 / S7, estación Provença

18. EDIFICIO DE APARTAMENTOS, ACTUAL RESIDENCIA DE ESTUDIANTES (1934)

Ricard Ribas Seva

Ricard Ribas Seva era socio del GATCPAC y en este sencillo bloque de apartamentos de alquiler, construido en plena República, en el año 1934, puso en práctica las premisas del movimiento.

El solar era largo y estrecho y Ribas optó por situar en él cuatro viviendas por rellano, dos en cada fachada, como hacían sus compañeros de movimiento, para aprovechar el espacio que en el Eixample se comían los pasillos, más una vivienda en el ático, todas de unos sesenta metros cuadrados.

La fachada que da a la calle Balmes no puede ser más simple, con dos ventanas de la tribuna por piso; mientras que la que da al interior de la manzana está ordenada a base de ventanas en los extremos y pequeños balcones a ambos lados.

La finca experimentó una total remodelación el año 2015 para ser adaptada a residencia de estudiantes.

EL MURAL DE LA MEDIANERA

La pared medianera de este edificio racionalista purista de Ribas Seva se ha convertido en un elemento característico del paisaje urbano de Barcelona gracias al vistoso mural con motivos geométricos que la cubre (ver foto pág. 58). El vecino edificio que da origen al mural es la Torre Banc Sabadell (Balmes, 168-170), obra del arquitecto racionalista Francesc Mitjans, autor también del Camp Nou, que representa el nexo de unión entre la arquitectura del GATCPAC, entendida como funcionalismo de antes de la Guerra Civil, y el Grupo R, catalizador de la modernidad arquitectónica y estética en Cataluña durante la posguerra, sobre todo entre 1951 y 1961, año de su disolución.

Balmes, 166
Dreta de l'Eixample

Bus: 7, 22, 24, 33, 34, 67, H8, V15 y V17
Metro: L3 / L5, estación Diagonal
L6 / L7 / S1 / S2 / S5 / S6 / S7, estación Provença

19. BLOQUE DIAGONAL (1935)

Ricard de Churruca i Dotres y **Germà Rodríguez Arias**

Este edificio icónico del GATCPAC, que mantiene la modernidad y la frescura del primer día, fue proyectado para aprovechar los beneficios fiscales que ofrecía la Ley Salmón (ver pág. 42) a los promotores inmobiliarios en el 1935, el año de actividad más intensa del colectivo racionalista.

Constituido por cinco bloques, todos de planta baja más seis pisos excepto el del chaflán con la avenida Diagonal, que aumenta un piso gracias al ático con terraza ajardinada. Se puede pasar de un edificio a otro a través de las porterías, que están comunicadas.

Si nos fijamos en las balconadas, los colores, las columnas redondeadas y la simplicidad de los volúmenes, la semejanza con la casa Mercè Ymbern, de Duran i Reynals, situada muy cerca y construida el mismo año 1935 (ver pág. 54), resulta más que evidente. Sin embargo, la calidad constructiva es superior en el Bloque Diagonal, que utiliza solamente materiales nobles para las lámparas y otros elementos decorativos (de metales y vidrios escogidos) y para las fachadas y los suelos de las porterías (de mármol y piedra natural).

Avenida Diagonal, 419-421 / Enric Granados, 122 / París, 207-209
Antigua Esquerra de l'Eixample

Bus: 7, 22, 24, 33, 34, 67, H8, V15 y V17
Metro: L3 / L5, estación Diagonal
L6 / L7 / S1 / S2 / S5 / S6 / S7, estación Provença

DIEZ AÑOS DE OBRAS

Los cinco bloques que forman el conjunto se fueron desarrollando por fases. En el 1936 se empezó el bloque de la calle París. Al estallar la Guerra Civil, la empresa promotora (Sociedad Inmobiliaria Diagonal) fue colectivizada para poder seguir con el proyecto pero faltaban materiales y las obras se retrasaron. Hasta 1940 no se inició el bloque de la calle Enrique Granados, que no se acabaría hasta pasados cinco años.

20. CASA CONCEPCIÓ RÀFOLS I MARTÍ (1935)

Sixte Illescas i Mirosa

Prácticamente al lado del Bloque Diagonal, Sixte Illescas construyó uno de los edificios de viviendas de alquiler que se acogían a la Ley Salmón de descuentos fiscales, también de 1935.

En esta ocasión proyectó un edificio de planta baja y siete plantas, con el ático retirado de la fachada y dos viviendas por rellano. Los problemas empezaron cuando los propietarios, la señora Ràfols y su hijo, Jaume Forn Ràfols, exigieron tres viviendas por rellano, por lo que el arquitecto dimitió. Era justo en enero de 1936 y la obra fue continuada por Pere Jordi Bassegoda i Musté que sí accedió a esa ampliación.

En la fachada destaca el cuerpo prismático central formado por las tribunas, y el revestimiento de mármol negro fosilífero en los bajos. La entrada conserva el encanto de los acabados de la época: mármol blanco, paredes de pavés, estucado gris con columnas blancas y un corredor con dos estudios independientes que continúa hasta el acceso a la fachada posterior, donde un porche con finas columnas deja a la vista cinco bonitas bovedillas a la catalana, y donde cuatro cipreses dan la bienvenida a un pequeño chalet.

UN ZEPELÍN SOBRE BARCELONA

© IMPUiQV - Sònia Turon

Un dirigible, seguramente el *Graf Zeppelin*, símbolo inequívoco de modernidad en los años 20, sobrevolando un paisaje urbano e industrial que también la evoca, realizado en terracota, adorna la fachada de otro edificio de Sixte Illescas en la calle Jonqueres esquina con Ortigosa. Se trata de un bloque pre-racionalista (1931), todavía con florituras novecentistas aplicadas sobre la fachada.

Enric Granados, 133
Antigua Esquerra de l'Eixample

Bus: 7, 33, 34, 54, 66, 67, H8, V13 y V15
Metro: L3 / L5, estación Diagonal
L6 / L7 / S1 / S2 / S5 / S6 / S7, estación Provença

21. EDIFICIO Y CINE ASTÒRIA (1932)

Germà Rodríguez Arias

El edificio Astòria es un bloque de viviendas de alquiler situado sobre un establecimiento de cine icónico que llevaba el mismo nombre y que actualmente es un local de ocio nocturno. El edificio consta de planta baja más siete plantas, donde la última es un sobreático central. Por motivos especulativos, los propietarios del inmueble obligaron a Germà Rodríguez Arias a construir seis viviendas por rellano, en contra de la voluntad del arquitecto del GATCPAC, por lo que *A.C.*, a petición de éste, no publicó ningún plano de las plantas de las viviendas, mientras sí que lo hizo con el plano de la planta baja, el anfiteatro y una sección vertical del edificio.

La alternancia de huecos y llenos que resulta de la combinación de ventanas y balcones de la misma medida crea una estética típica de la Bauhaus. El color verde claro de la fachada, que finalmente el Ayuntamiento de Barcelona aceptó (no lo permitió en el casa del edificio de la Via Laietana de Antoni Puig i Gairalt) es una continuación del alicatado verde del interior de escalera.

VIVIR EN UN TRANSATLÁNTICO

Cuando uno se sitúa dentro del vestíbulo de la entrada de vecinos tiene la sensación de encontrarse entre las cubiertas superiores e inferiores de un transatlántico, con diferentes niveles de pasarelas y entramados de barandillas tubulares. También ayudan los colores escogidos (el alicatado azul cielo y el verde del suelo, el blanco y negro de las escaleras...), así como el diseño de la caja del ascensor y el mostrador del portero. Todo forma parte de un interiorismo premeditadamente diseñado para transportarnos a la modernidad.

París, 193-199
Antiga Esquerra de l'Eixample

Bus: 7, 33, 34, 54, 66, 67, H8, V13 y V15
Metro: L3 / L5, estación Diagonal
L6 / L7 / S1 / S2 / S5 / S6 / S7, estación Provença

22. CASA MAGDALENA DE BARBERÀ VERGÉS (1930)

Pere Benavent de Barberà i Abelló

Ésta es la más antigua de las casas racionalistas de Pere Benavent de Barberà, arquitecto y escritor post-novecentista, discípulo de Enric Sagnier i Villavecchia, y uno de los arquitectos que no llegaron al Racionalismo a través del GATCPAC, del que se sentía alejado, sino que configuró un lenguaje racionalista personal más inspirado en otros funcionalismos europeos y sobre todo locales, tradicionales catalanes y de raíz popular.

Para esta casa de viviendas de alquiler que construyó para su madre, Benavent de Barberà recubrió toda la fachada de ladrillo, con unos bonitos acabados de ladrillo aplantillado

y semicircular en los ángulos, redondeces que junto con los tubos de las barandillas tipo barco y las dos ventanas de arco redondo de la parte superior, transmiten una sensación agradable y suave. Encima de estas ventanas de medio punto, sobresale una destacada cornisa y dos frontones triangulares neoclásicos que nos indican que estamos en la transición del Novecentismo al Racionalismo. En cada frontón, una viga con polea sube-muebles, un elemento muy cotidiano del paisaje del Eixample, pero que intriga a los visitantes foráneos.

Una elegante puerta Art Déco de hierro negro y vidrio forma cenefas que alternan curvas y triángulos. En el vestíbulo destacan los tiradores Art Déco de las puertas de los locales y la caja de escalera y el ascensor muestran tres filas de una sofisticada baldosa de pavés con forma de margarita. Embellecen los interiores de los locales, a ambos lados de la entrada, los techos de bovedillas a la catalana a vista y las vigas de hierro remachadas, sostenidas por pilares de hierro también remachados.

Paris, 145
Antigua Esquerra de l'Eixample

Bus: 54, 59, 63, 66, 67, 68 y V11
Metro: L5, estación Hospital Clínic

23. CASA LLUÍS CARDONA I RITA CARDONA CANADELL DE MUNTÉ (1935)

Pere Benavent de Barberà i Abelló

Sobre la puerta de entrada de la casa de Lluís y Rita Cardona aparece grabado en la piedra: "Pere Benavent, arquitecto". También se podría considerar como una firma de Benavent de Barberà el lenguaje arquitectónico de la fachada: la parte central de paramento de ladrillo, en contraste con la piedra blanca de las tribunas de medio hexágono a ambos lados, y en la entrada un arrimador de cerámica vidriada verde tradicional catalana, de la que se suele llamar de la Bisbal o del Vendrell. No le faltan los detalles estéticos racionalistas preferidos del arquitecto: barandas tubulares en las ventanas horizontales o la puerta típica de vidrio y hierro con motivos geométricos horizontalizantes.

También en 1935, Benavent de Barberà proyectó para los Cardona el panteón número 6 en la Avenida Sant Esteve del cementerio de Sant Gervasi, de un Racionalismo clasicizante. Sin que nada lo indique desde fuera, el vestíbulo y las escaleras de este edificio constituyen un buen ejemplo de la estética de las casas-barco que el Racionalismo temprano adoptó del Art Déco: rellanos redondeados, barandas tubulares, ventanas de ojo de buey, pavimento ›

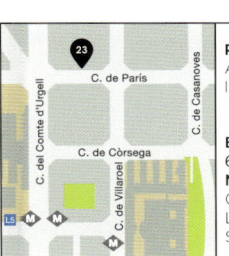

París, 127
Antiga Esquerra de l'Eixample

Bus: 7, 33, 34, 54, 59, 63, 66, 67, 68, H8 y V11
Metro: L5, estación Hospital Clínic
L6 / L7 / S1 / S2 / S5 / S6 / S7, estación Provença

> blanco... Un lenguaje estético que transmite ligereza y pulcritud. En el inicio de la escalera, la baranda forma un gracioso diseño Art Déco en bronce, un material que reaparece en las placas que adornan las puertas de entrada a los dos locales de las tiendas.

Una placa sobre la puerta recuerda que este edificio se construyó al amparo de la Ley Salmón, de 1935, que ofrecía ventajas fiscales a la construcción de edificios de alquiler (ver pág. 42).

BENAVENT, ARQUITECTO TAMBIÉN DE LAS PALABRAS, SE DESCRIBE A SÍ MISMO

Benavent también escribía poesia. Y en su libro *Sobretaula Acadèmic*, publicado en 1956, se define como arquitecto, diciendo: *Yo soy aquel que versifica con los sillares e intenta escribir en arquitecto sus estancias...*

24. CASA SERT DE ROSSELLÓ (1929)

Josep Lluís Sert i López

Parece tratarse de un ensayo, todavía encorsetado, por purista y lecorbusierano, de las soluciones más libres que Sert adoptará en la posterior casa de viviendas de alquiler de Muntaner, de 1930, con los dúplex y los balcones esquineros.

El edificio también cuenta con seis plantas y un ático retirado, pero en este caso el solar es tan largo y estrecho, de 11m x 28 metros, que opta por la solución de encarar dos pisos hacia la calle Rosselló y dos hacia el interior de manzana, siendo todos del mismo tamaño (unos sesenta metros cuadrados) y ventilados por patios de luces.

La fachada es sencilla, simétrica, con una doble terraza central con balcón de rejilla y una ventana apaisada a ambos lados. Es tan depurada que no hay persianas de ningún tipo, las ventanas solamente tienen cortinas nórdicas, rompiendo con la tradición de contraventanas, persianas y cortinas tradicionales.

En la entrada, cuatro puertas idénticas de hierro y vidrio sirven tanto para la entrada de vecinos como para los locales comerciales y ya no son visibles los pilares o *pilotis* tan típicos de Le Corbusier para que los coches pudieran entrar en los talleres del interior de la manzana.

IMPACTO DEL RACIONALISMO

Tal y como muestran las fotografías reproducidas en la revista *A.C.* del GATCPAC, la casa que erigió Sert en la calle Rosselló era muy impactante en aquel momento, en 1929, porque era radicalmente diferente al resto de edificaciones del Eixample. Actualmente, esta radicalidad ya no es tan notoria a primera vista porque el edificio está flanqueado por otras edificaciones modernas.

Rosselló, 36
Nova Esquerra de l'Eixample

Bus: 41
Metro: L5, estación Entença

25. CASA RAFAEL PARCERISAS SERRA (1941)

Fernando de la Escosura Pulido

Este pequeño y sencillo edificio del barrio de Les Corts, es una muestra del Racionalismo español llegado a Barcelona, desvinculado del Novecentismo y del GATCPAC, como el de Gutiérrez Soto en el rascacielos de la plaza Urquinaona (ver pág. 120) o el de Manuel Ignacio Galíndez Zabala en el antiguo Banco de Vizcaya en la plaza Catalunya (ver pág. 118). El arquitecto madrileño Fernando de la Escosura se instaló en la ciudad condal durante la posguerra franquista, cuando estos dos movimientos de raíces catalanas se habían extinguido debido a las circunstancias políticas (ver págs. 44 y 145).

De la Escosura remodeló dos casas de planta baja típicas del barrio de Les Corts, que el maestro de obras Jaume Sanllehy i Molist había construido en 1924, y lo levantó tres plantas con cubierta plana, con dos viviendas por rellano y locales comerciales en los bajos.

Las tres fachadas son diferentes. La más interesante es la que tiene la entrada de los vecinos, con la puerta metálica original y el ventanal vertical de la caja de escalera, que se prolonga sobre la azotea con un pequeño cuerpo exento. Balcones esquineros de obra, coronados por los típicos tubos racionalistas, ocupan las esquinas y la centralidad de las fachadas queda reflejada por una austera pareja de ventanas por piso, unidas por un tramo de obra vista, en contraste con el paramento revocado del resto del edificio.

FERNANDO DE LA ESCOSURA

Las obras más significativas del legado arquitectónico racionalista del madrileño Fernando de la Escosura Pulido son dos: esta casa de Barcelona, una de las ciudades donde encontramos rastros de su actividad tras la Guerra Civil, y un teatro de estilo racionalista en la población canaria de Guía, remodelado en 2011 para convertirse en sede de una gran actividad cultural. En Las Palmas de Gran Canaria incluso existe una calle con el nombre del arquitecto.

Morales, 2 / Travessera de Les Corts, 332 / Entença, 306-312
Les Corts

Bus: 59, 66, 78 y H8
Tram: T1, T2, T3

26. CASA SARDAÑÉS I BONET (1935)

Ramon Puig i Gairalt

En un solar de medidas discretas, Ramon Puig i Gairalt consiguió hacer caber hasta cinco bloques de viviendas mínimas, con fachada a dos calles y al pasaje de las Cinc Torres, lo que facilita la ventilación directa en todos los apartamentos.

El arquitecto dispuso los típicos balcones de obra racionalistas en los ángulos mientras que tribunas triangulares ocupan el eje vertical de cada fachada, flanqueadas por una ventana cuadrada y un ojo de buey, préstamo de la "casa-barco" que puso en boga el Racionalismo temprano, tal y como preconizaba Le Corbusier.

El paramento consiste en un sencillo estucado liso y claro y enmarcamientos blancos en las aperturas. En los bajos se encuentra el restaurante vasco Txocoa, que ha respetado el bonito techo clásico en bovedillas a la catalana, visible en el interior del local.

Déu i Mata, 146 / Pasaje de las Cinc Torres / Taquígraf Garriga, 155-153
Les Corts

Bus: 7, 33, 34, 59, 63, 66, 67, 78 y H8
Tram: T1, T2, T3

JOSEF HOFFMAN Y ADOLF LOOS

Durante sus frecuentes viajes por Europa, incluyendo una estancia relativamente larga en Viena, Ramon Puig i Gairalt conoció y admiró especialmente la obra de Josef Hoffman y Adolf Loos, arquitectos y diseñadores austriacos, artífices de la proyección de Viena como referente en arquitectura, decoración y diseño modernos. Sus influencias se perciben en los juegos geométricos de ventanas y aperturas de las fachadas proyectadas por el arquitecto catalán, especialmente en la casa Sardañés i Bonet.

© MAK

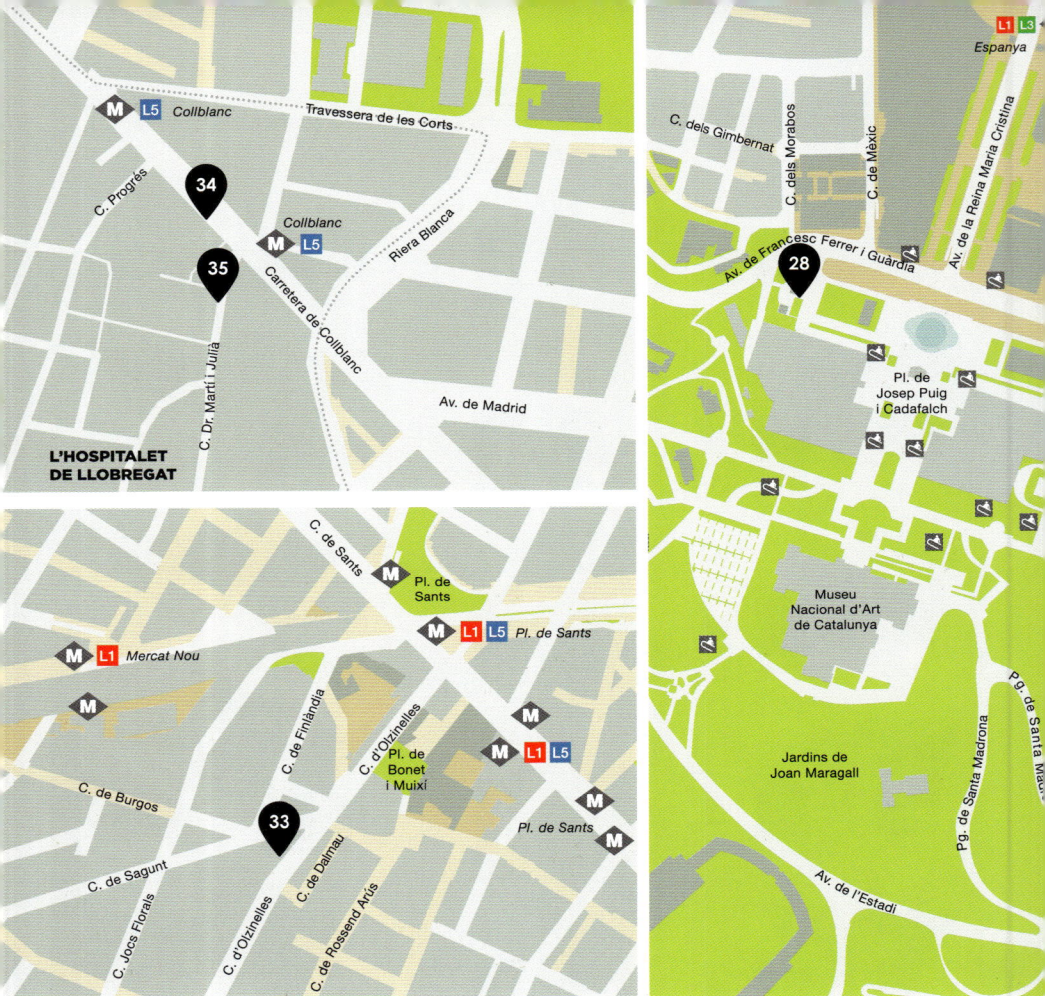

27 Fundación Joan Miró, Centro de Estudios de Arte Contemporáneo (1975)
Josep Lluís Sert i López

28 Pabellón Alemán o Pabellón Barcelona (1929/1986)
Ludwig Mies Van der Rohe y Lilly Reich

29 Casa Josep Masana I (1929)
Ramon Reventós i Farrarons

30 Casa Josep Masana II (1929)
Ramon Reventós i Farrarons

31 Casa Joaquima Vendrell i Boix (1928-1930)
Ramon Puig i Gairalt

32 Grupo Escolar Collaso i Gil (1932)
Josep Goday i Casals

33 Casa Ramon Pont (1929)
Ramon Puig i Gairalt

34 Rascacielos de Collblanc o casa Joan Pons i Vila (1931)
Ramon Puig i Gairalt

35 Mercado de Collblanc (1932)
Ramon Puig i Gairalt

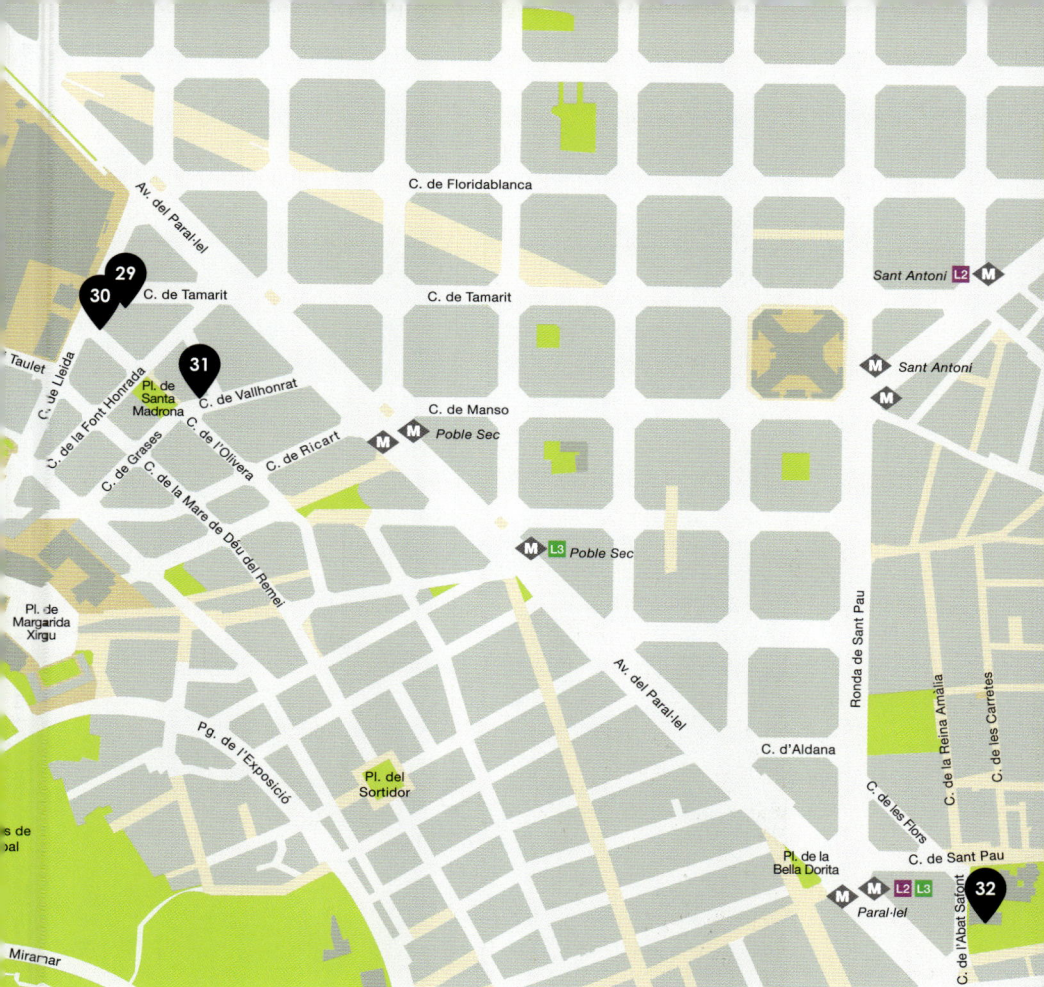

4. MONTJUÏC, POBLE-SEC Y L'HOSPITALET DE LLOBREGAT

Este itinerario se centra en Montjuïc para visitar los dos edificios racionalistas de Barcelona más conocidos a nivel internacional: la **Fundación Miró** de Josep Lluís Sert y el **Pabellón Barcelona** de Ludwig Mies Van der Rohe y Lilly Reich. Del uno al otro hay quince minutos de paseo que vale la pena saborear por la zona de la Exposición Internacional de 1929, y complementar con los tres edificios del Poble-sec, a solo siete minutos a pie desde el pabellón y construidos también en 1929. Una vez en el Paral·lel o en la plaza Espanya podemos desplazarnos hasta el Raval para visitar la **escuela Collaso i Gil** o en dirección contraria hacia Sants y L'Hospitalet de Llobregat, para descubrir la obra pública y privada de Ramon Puig i Gairalt, de la que hemos seleccionado tres edificios icónicos.

27. FUNDACIÓN JOAN MIRÓ,
CENTRO DE ESTUDIOS DE ARTE CONTEMPORÁNEO (1975)

Josep Lluís Sert i López

El último gran proyecto de Josep Lluís Sert en Barcelona es la Fundación Joan Miró, diseñada conjuntamente por el artista y el arquitecto estableciendo la conjunción entre la arquitectura y las artes que Sert había buscado durante toda su vida, desde que siendo joven comenzara la admiración por su tío, el pintor y muralista Josep Maria Sert.

Para Sert, la Fundación Miró fue su tercera gran ocasión de crear un espacio de encuentro para las artes, después del Pabellón de la República de 1937 en París, y de la Fondation Maeght del 1964 en Saint-Paul-de-Vence, también en Francia. Para Miró, fue un regalo a su ciudad natal.

A lo largo de toda su carrera, Josep Lluís Sert persiguió la simbiosis entre el Racionalismo y la mediterraneidad, tal y como consiguió en esta obra. La estructura se organiza alrededor de un patio con un olivo y dos esculturas de manera que, sin saberlo, el visitante es guiado siguiendo un itinerario para que no pase dos veces por una misma sala.

La superficie de las salas se duplica en altura, como Sert hizo desde su juventud con los dúplex, y la luz natural se filtraba a través de las claraboyas del techo, que desde la reforma de Jaume Freixa de 1998 tienen unas compuertas especiales para regular la intensidad de la luz ›

> a causa de las nuevas exigencias del mundo del arte. Anteriormente, en 1986, el edificio original ya había sido modificado con una importante ampliación de salas.

Cada año los visitantes de la Fundación superan el millón, y muchos de ellos participan de las actividades culturales que Joan Miró insistió en celebrar *conditio sine qua non* de la existencia del Centro. Algunas de estas actividades giran en torno a la obra de Sert y del GATCPAC, con itinerarios y visitas a sus edificios.

AMISTAD Y COMPROMISO POLÍTICO

© Archivo Alfa Omega

Miró y Sert eran amigos de juventud y compartieron múltiples experiencias. En 1935 fueron a Madrid para visitar a los miembros del Gobierno Catalán que estaban presos allí por los Hechos de Octubre de 1934, incluyendo al presidente de la Generalitat, Lluís Companys. Se trata de un episodio bastante desconocido que el arquitecto narra en un texto mecanografiado, del año 1980, conservado en la biblioteca Frances Loeb de la Universidad de Harvard, en EEUU.

Plaça Neptú
Parc de Montjuïc

Bus: 55 y 150
Funicular de Montjuïc

Visita general durante todo el año, excepto los lunes no festivos. Ocasionalmente se realizan visitas centradas en el edificio de Sert. Más información:

www.fmirobcn.org/es/
–34 93 4439470

28. PABELLÓN ALEMÁN O PABELLÓN BARCELONA (1929/1986)

Ludwig Mies van der Rohe y Lilly Reich

El Pabellón Alemán o Barcelona que Ludwig Mies Van der Rohe (1886-1969) y su colega Lilly Reich (1885-1947) construyeron para representar a Alemania en la Exposición Internacional celebrada en Barcelona el 1929, y que fue desmontado al finalizar el evento en 1930, ha sido considerado a lo largo de los años como una obra icónica del Movimiento Moderno, fuente de inspiración de muchas generaciones de arquitectos funcionalistas. El Ayuntamiento encargó la construcción de una réplica, que se realizó entre 1983 y 1986 en el mismo emplazamiento, de la mano de los arquitectos Ignasi de Solà-Morales, Cristian Cirici, Fernando Ramos y Anna Vila, que usaron los mismos materiales que había empleado Mies Van der Rohe.

La estructura ortogonal descansa sobre ocho columnas cruciformes de acero y cromo. Un original juego de aperturas y cierres, a base de vidrios y paredes de mármol, le da al conjunto un aire diáfano y seductor. El techo tiene un gran voladizo y, al lado del núcleo construido, un pequeño lago lleno de guijarros conduce a una zona de servicios. En su interior se expone la famosa silla *Barcelona* de Mies y Reich y una réplica de la escultura *Alba*, obra de Georg Kolbe, escultor alemán contemporáneo de Mies Van der Rohe. >

Abierto todo el año
De marzo a octubre, abierto de 10 a 20 horas
De noviembre a febrero, abierto de 10 a 18 horas
Para grupos, la reserva es obligatoria
Información y reservas:
pavellomies@miesbcn.com
Tel. +34 93 215 10 11
www.miesbcn.com

> Para construir el pabellón se utilizaron materiales que en 1929 eran muy modernos, como el acero y el vidrio, y cuatro tipos de piedras nobles: el mármol travertino, el ónice dorado y mármol verde de los Alpes y de Grecia. Mies había explicado en entrevistas que el módulo base del pabellón le vino dado, de manera fortuita, por un bloque de ónice que encontró ya tallado en la cantera, en pleno invierno, cuando no se podía tallar piedra: sería dos veces la altura del bloque.

El pabellón lo gestiona la Fundación Mies van der Rohe, también creada en 1983.

LA SILLA *BARCELONA*

La silla *MR 90* o *Barcelona* fue diseñada por Mies y Reich, con la otomana y la mesita auxiliar a conjunto, basándose en la *sella curulis* romana, un símbolo de poder en Roma, el nombre de la cual podría provenir de *curva* y que Mies hizo pensando en la visita de los monarcas.

Fabricada en acero inoxidable pulido y cuero de piel de cerdo (más tarde de piel de vacuno), la silla se ha convertido en un referente a escala internacional, y nunca ha dejado de fabricarse.

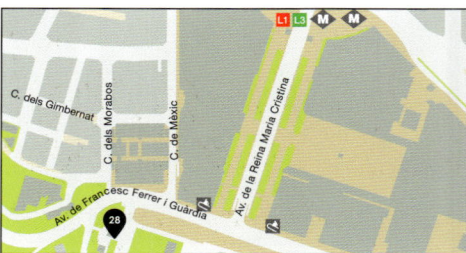

Av. Francesc Ferrer i Guàrdia, 7
Parc de Montjuïc

Bus: Todos los autobuses con parada en la plaza Espanya

Metro: L1 / L3, estación Espanya
L8 / R5 / R6 / R50 / R60 / S3 / S4 / S8 / S9 / S33, estación Pl. Espanya

29. CASA JOSEP MASANA I (1929)

Ramon Reventós i Farrarons

Este edificio está considerado como el primer ejemplo de arquitectura expresionista en Barcelona, precursor del Racionalismo. Aunque el proyecto data de septiembre de 1929, está documentado ya desde los inicios de la remodelación del barrio del Poble-sec para la Exposición de 1929, es decir, se tiene constancia desde 1928. Contrariamente, la fábrica Myrurgia también de 1928 pero considerada ya ejemplo del Racionalismo, es más Art Déco que expresionista (ver pág. 146). No obstante, la casa Josep Masana también presenta algunos elementos propios del Art Déco, como el esgrafiado color verde de las fachadas. Actualmente solo se conserva el de la calle de la Olivera, en las otras dos fachadas se ha perdido totalmente (ver pág. 90).

Una innovación que introduce Reventós en esta obra es hacer sobresalir de la fachada las ventanas de las escaleras de vecinos, creando una claraboya vertical en forma de prisma triangular que favorece la entrada de luz y aire, de acuerdo con las ideas higienistas de los años 20 y creando a la vez un bonito diseño expresionista. Una segunda innovación higienista consiste en no cerrar los patios interiores de los edificios sino dejarlos abiertos a la manzana de casas.

Al tratarse de un conjunto de viviendas de renta económica con continuidad estética y estructural, hallamos dos entradas en la calle Tamarit, dos en la calle Lleida y otra en la calle de la Olivera, que sigue con otro bloque del mismo arquitecto y las mismas características (Casa Josep Masana II). Cada escalera de vecinos presenta un portal de acceso Art Déco, planta baja, entresuelo, cuatro plantas, ático y azotea transitable, dos viviendas por rellano y sin ascensor.

En los últimos años algunas de las escaleras de vecinos han puesto un ascensor en la caja de escalera de manera que en algunos casos se ha perdido el bonito diseño interior racionalista en mármol blanco y negro de las entradas.

MÁS QUE VIVIENDAS

© AFB - Autor desconocido

Curiosamente, Ramon Reventós , autor de esta primera casa racionalista de 1928, lo es a su vez de las emblemáticas torres de la Exposición de 1929, icono del Novecentismo. Mientras trabajaba en el proyecto racionalista, a pocos metros estaba inmerso en las obras de la Exposición Internacional de 1929: en el Teatro Grec, el hotel Miramar, los edificios del funicular de Montjuïc y en el Pueblo Español, que proyectó conjuntamente con el arquitecto Francesc Folguera, el pintor Xavier Nogués y el promotor Miquel Utrillo.

Lleida, 9-11 / Olivera, 68-80 / Tamarit, 68-70
Poble-sec

Bus: 46, 55, 65, 79, 121, 165, D20 y H16
Metro: L1 / L3, estación Espanya
L8 / R5 / R6 / R50 / R60 / S3 / S4 / S8 / S9 / S33, estación Pl. Espanya

30. CASA JOSEP MASANA II (1929)

Ramon Reventós i Farrarons

Este segundo conjunto de seis casas, continuación del primero por la calle Olivera, no ha vivido tantas reformas y actualizaciones como el de la calle Lleida y, por tanto, conserva la mayor parte de elementos originales como el esgrafiado en cenefas Art Déco verde y los tres colores en las fachadas: piedra caliza gris hasta el primer piso, paramento de estuco rojizo con esgrafiados hasta la última planta y obra vista en el coronamiento. También son Art Déco las bonitas puertas de entrada de hierro geométricas con el portal de piedra caliza con arquivoltas ortogonales que dan entrada a las porterías, donde una arcada de medio hexágono separa dos espacios y da profundidad. Mármol blanco, negro y gris se combinan con el hierro de la baranda en un interiorismo sencillo pero muy bonito.

El Art Déco había llegado con fuerza a principios del siglo XX a Barcelona con los almacenes El Siglo, situados en La Rambla y actualmente desaparecidos, y la casa Ferrer-Vidal, de Eduard Farrés, en los jardinets de Gràcia, concretamente en el número 114 del paseo de Gràcia. En las casas Josep Masana, este estilo se fusionaba con el Expresionismo para dar entrada al Racionalismo, movimiento arquitectónico liderado en Cataluña por los arquitectos del GATCPAC.

Olivera, 68-76
Poble-sec

Bus: 46, 55, 65, 79, 121, 165, D20 y H16
Metro: L1 / L3, estación Espanya
L8 / R5 / R6 / R50 / R60 / S3 / S4 / S8 / S9 / S33, estación Pl. Espanya

VENTANAS CARACTERÍSTICAS

Las casas Josep Masana son muy elogiadas desde un punto de vista profesional por las ventanas prismáticas de las cajas de escalera de los edificios más antiguos (ver pág. 89), un elemento racionalista que se repetirá en muchas casas barcelonesas. En cambio, en los edificios posteriores, los icónicos triángulos sobresalientes de la fachada fueron suprimidos porque los inquilinos querían balcones y no ventanas de diseño.

31. CASA JOAQUIMA VENDRELL I BOIX (1928-1930)

Ramon Puig i Gairalt

Por su juego de volúmenes, marcados por sus colores estridentes (rojo contra verde claro), la casa Joaquima Vendrell es la más famosa de las casas de Ramon Puig i Gairalt y aparece en todas las rutas de arquitectura racionalista, Art Déco y de vanguardias del siglo XX que se publican sobre Barcelona.

Son dos casas de vecinos juntas en un solo edificio singular con muchas concomitancias con la casa Pidelaserra: dispuestas en chaflán entre medianeras, con planta baja y seis pisos (uno menos), y cubierta plana a la catalana con pequeñas viviendas exentas. Las viviendas tienen unos 70 metros cuadrados y para poder hacerlas lo más confortable posible, Puig i Gairalt hace los patios interiores y el casetón de la escalera irregulares. La vivienda social fue siempre una de las grandes preocupaciones del arquitecto, sobre todo en un momento de fuerte llegada de inmigrantes a Cataluña.

ERICH MENDELSOHN

© Astrophysikalisches Institut Potsdam

Torre Einstein, Postdam

Suele asociarse la casa Joaquima Vendrell al estilo constructivo del arquitecto expresionista alemán Erich Mendelsohn, cuya obra Puig i Gairalt conocía en profundidad, gracias a sus numerosos viajes por Europa. Mendelsohn fundó en 1934 el grupo Der Ring ("El anillo"), que incluía también a Walter Gropius, Bruno Taut y Mies van der Rohe entre otros. Gozó de un gran éxito profesional hasta que en 1933 él y su esposa, la violoncelista Luise Maas, ambos judíos, tuvieron que refugiarse en Inglaterra y después en los EEUU debido a la persecución antisemita nazi.

Vallhonrat, 22-26 / Pasaje Prunera, 1
Poble-sec
Bus: 46, 55, 65, 79, 121, 165, D20 y H16
Metro: L3, estación Poble Sec L1 / L3, estación Espanya L8 / R5 / R6 / R50 / R60 / S3 / S4 / S8 / S9 / S33, estación Pl. Espanya

32. GRUPO ESCOLAR COLLASO I GIL (1932)

Josep Goday i Casals

Josep Goday es el arquitecto novecentista con más mérito de los que pasaron a la vanguardia del Racionalismo: Lo es por edad y por formación. Era 21 años mayor que Sert y 32 años mayor que Bonet Castellana, por tanto pertenecía a una generación muy anterior a la del grupo de arquitectos racionalistas. Y desde un punto de vista formativo, se inició en el campo de la arquitectura y de la historia del arte cómo discípulo de Josep Puig y Cadafalch. El grueso de su producción son las históricas escuelas novecentistas de Barcelona: los grupos escolares Baixeras, Lluís Vives, Pere Vila, Ramon Llull, Milà i Fontanals y Lluïsa Cura son todos obra suya y denotan la clara influencia historicista de Puig i Cadafalch.

En cambio, el Grupo escolar Collaso i Gil, la última obra escolar proyectada por Goday, implica un cambio drástico de estilo, más en la línea expresionista y funcionalista, que le llevó a polemizar con el GATCPAC, que no le consideraba racionalista, y a exponerles los criterios racionales y funcionales que había utilizado en el proyecto. Sixte Illescas, cofundador del GATCPAC, había trabajado en el despacho de Goday entre 1922 y 1928 y actuó como enlace.

El elemento más destacado del edificio, de combinadas volumetrías en forma de L y con un gran patio interior, es la utilización del ladrillo a vista con finalidades decorativas, influencia neerlandesa de la Escuela de Amsterdam y del cubismo en ladrillo de Dudok y Berlage. También son célebres las esculturas del ❯

> sitgetano Pere Jou (1891-1964), especialmente las alegorías a la marina, la lectura, le geografía, la agricultura la industria y la música, de una estilización casi forzada por la estructura de la fachada.

JOSEP COLLASO I GIL

© AHCB - Carlos Úrbez

Josep Collaso i Gil (1857-1926) era hijo del político y banquero Pere Collaso i Gil. Filántropo y político de filiación liberal, fue senador por Barcelona, diputado en el Congreso de los Diputados y cuatro veces alcalde de Barcelona, siendo fundador de la primera escuela municipal. Creó los Amics dels Pobres y donó su fortuna al Hospital de Sant Pau y para fundar escuelas, como el Grupo Escolar Collaso i Gil.

Sant Pau, 101 bis / Abat Safont
Raval

Bus: 24, 120, 121, D20, H14 y V11
Metro: L2 / L3, estación Paral·lel

33. CASA RAMON PONT (1929)

Ramon Puig i Gairalt

La más antigua de las casas racionalistas de Puig i Gairalt presenta todavía muchos elementos del clasicismo novecentista, con los balcones de hierro con barrotes tradicionales en lugar de los balcones de obra con baranda de tubo metálico, que adoptaría posteriormente.

El chaflán es muy estrecho debido a las irregularidades de las antiguas callejuelas de Sants, pero Puig i Gairalt no quiso renunciar a sus elegantes chaflanes en torre que otorgan monumentalidad y elegancia y dignifican el edificio aunque se trate de bloques de viviendas pequeñas, de alquiler económico, en un entorno obrero.

Olzinelles, 20 / Sagunt, 108
Sants

Bus: 50, 115, D20, V5 y V15
Metro: L1 / L5, estación plaça de Sants

Así, en 1929 la casa, pintada además con colores estridentes, verde y marrón, con ventanas mallorquinas plegables, destacaba tanto entre casitas bajas y naves industriales, que mereció muchas crónicas en la prensa local.

ARQUITECTO DE RENOMBRE

© Archivo Municipal de L'Hospitalet. Fondo Municipal. Autor desconocido

El año 1929, cuando se construyó la casa Pont, Puig i Gairalt ya se había significado como un prolífico arquitecto a la vez que constructor, con muchos perfiles distintos. Como novecentista, había proyectado la famosa biblioteca de la Mancomunidad en El Vendrell (1917). Como urbanista, es obra suya la continuación de la Gran Via de les Corts Catalanes hasta el río Llobregat (1928). Y como arquitecto industrial, era autor de la enorme fábrica de cerámica Cosme Toda de Hospitalet (1927). También fue arquitecto municipal de Hospitalet de Llobregat desde 1912 hasta 1937, año de su trágica muerte en en una triste cama de quirófano sin suficientes medidas de higiene.

34. RASCACIELOS DE COLLBLANC O CASA JOAN PONS I VILA (1931)

Ramon Puig i Gairalt

Aunque este edificio y el que le sigue no están en Barcelona, hemos querido incluirlos por su importancia y por hacernos eco del patrimonio de nuestra ciudad vecina.

Fue la casa más alta de Hospitalet de Llobregat y la primera en tener ascensor. Para Ramon Puig i Gairalt fue básicamente una propuesta de solución al problema de la superpoblación que estaba afectando a su ciudad en un momento de *boom* demográfico, de llegada masiva de inmigrantes, que se estaban acomodando en las llamadas casas "de pasillo" o "nidos", de solamente 30 metros cuadrados, sin servicios. Eran habitáculos construidos a ambos lados de un pasillo donde pasaban el día niños y abuelos cuando los padres estaban en las fábricas. Mientras era arquitecto municipal tuvo que construir muchas casas baratas y ensayó diversas soluciones, como la del rascacielos.

Está estructurado en planta baja y once plantas, con dos patios de ventilación y una caja de escalera con el ascensor. Hay cuatro viviendas por rellano en las seis primeras plantas, tres en la séptima, dos en las plantas 8, 9 y 10, y en la planta 11 solamente uno. Este degradado en el número de viviendas acentúa la forma aeroespacial del edificio. A Puig i Gairalt le gustaba monumentalizar sus edificios colocando el impacto en el chaflán en forma de torre.

© Museo de L'Hospitalet – Ayuntamiento de L'Hospitalet de Llobregat

Ctra. de Collblanc, 43
L'Hospitalet de
Llobregat
Collblanc

Bus: 54, 57, 153, 157, 158, D20, L12, L50, L56, L62, N3, N14, L'H1 y L'H2
Metro: L5 / L9S, estación Collblanc

GROPIUS Y LA BAUHAUS

Museo de la Bauhaus,
Tel Aviv

Creative Commons ① Talmoryair

La influencia de las geometrías y combinaciones prismáticas en juegos de huecos y llenos de la Bauhaus de Walter Gropius es evidente en la fachada del rascacielos de Collblanc.

35. MERCADO DE COLLBLANC (1932)

Ramon Puig i Gairalt

En el mismo lugar que acogía un mercado semanal al aire libre, se construyó el mercado municipal de Collblanc. La primera piedra se puso en 1928 y se acabó en 1932. Surgía del Plan de Ensanche y Reforma de Hospitalet de Llobregat, redactado por el mismo arquitecto. Cuenta con una estructura vanguardista y podemos destacar los dos niveles de ventana que proporcionan luz natural y ventilación al interior del edificio.

En pleno crecimiento de su ciudad natal, Hospitalet de Llobregat, donde además era el arquitecto municipal, a Puig i Gairalt le preocupaba la correcta aplicación de medidas higienistas y la construcción de servicios municipales. Por tal motivo, además de mercados, se preocupó por la enseñanza y propició que en 1934 se inaugurara la escuela Francesc Macià.

En el archivo de Hospitalet se conservan más de 1.500 proyectos firmados por los hermanos Puig i Gairalt.

CENTRO ESCOLAR FRANCESC MACIÀ

© Archivo Municipal de L'Hospitalet. Fondo Municipal. Autor desconocido

En esta imagen podemos ver al entonces presidente de la Generalitat, con sombrero claro en la mano, atendiendo las explicaciones del arquitecto Ramon Puig i Gairalt sobre la maqueta de un centro escolar. A raíz de la muerte de Macià en 1933, aquella escuela acabaría llevando su nombre.
Se inauguró el 18 de noviembre de 1934. Con la llegada del Franquismo pasó a llamarse Escuela Nacional Calvo Sotelo. Fue derribada en 1978.

© Archivo Municipal de L'Hospitalet. Fondo Salvador Oliveras Masip. Autor Salvador Oliveras Masip

Dr. Martí i Julià, 8-22
L'Hospitalet de Llobregat
Collblanc

Bus: 54, 57, 153, 157, 158, D20, L12, L50, L56, L62, N3, N14, L'H1 y L'H2
Metro: L5 / L9S, estación Collblanc

5. BAJO EIXAMPLE Y CIUTAT VELLA

Itinerario muy cómodo (3,6 km) que incluye edificios significativos: el **Dispensario Central Antituberculoso**, obra maestra del GATCPAC o el Novecentismo transformado en expresionismo racionalista de Folguera en el **Casal Sant Jordi**. Sugerimos empezar en L'Eixample, en la calle Aragó, con el antiguo **edificio Nestlé**, así como entrar en los **jardines de la Universidad de Barcelona**, entretenerse en el Raval, visitar el **Dispensario** y, de vuelta a L'Eixample, el **Casal de Sant Jordi**, pasando antes por la **Joyería Roca**. Podemos finalizar el itinerario en la plaza Urquinaona, donde se pueden comparar dos expresiones diferentes del Racionalismo: el de Antoni Puig i Gairalt, más expresionista, y el de Luis Gutiérrez Soto, más normativo.

36 Antiguo Edificio Nestlé (1935)
Eusebi Bona i Puig

37 Jardines Ferran Soldevila, de la Universidad de Barcelona (1934)
Artur Rigol i Riba

38 Dispensario Antituberculoso, actualmente C.A.P. Dr. Lluís Sayé (1933)
Josep Lluís Sert i López, Joan Baptista Subirana y Josep Torres Clavé

39 Antigua Joyería Roca (1933)
Josep Lluís Sert i López

40 Casal de Sant Jordi o Casa Tecla Sala i Miralpeix (1929)
Francesc Folguera i Grassi

41 Casa Joaquim Masana (1936)
Josep Soteras Mauri

42 El rascacielos de Urquinaona o casa Fàbregas (1933)
Luis Gutiérrez Soto y Carles Martínez Sánchez

43 Antiguo Edificio de la Compañía Española de Seguros, CDA (1926)
Antoni Puig i Gairalt

36. ANTIGUO EDIFICIO NESTLÉ (1935)

Eusebi Bona i Puig

El antiguo edificio Nestlé cuenta hoy en día con 6 plantas en lugar de las 4 originales, tal como muestra la fotografía antigua. Actualmente aloja el Departamento de Política Territorial y Obras Públicas de la Generalitat, después de la reforma iniciada por los arquitectos Gelpí, Henry y Rovira en 1982. En su interior no ha quedado ningún vestigio de la decoración racionalista, pero la fachada todavía se muestra plana, austera, ordenada, con las ventanas apaisadas, tripartidas, tan típicas del Racionalismo.

Eusebi Bona i Puig fue catedrático en la Escuela de Arquitectura de Barcelona durante cuarenta años, a partir de 1922, y dominaba todos los estilos arquitectónicos.

Así en aquel interesantísimo crisol de estilos en ebullición permanente entre los años 20 y 30 en Barcelona, Bona jugó con historicismos más o menos eclécticos o clásicos, y más o menos monumentalistas o austeros como muestran sus obras: el Palacio de Pedralbes (1919), La Unión y el Fénix (1927), el Palacio de Proyecciones (1929) y el edificio de la calle Ali Bei, 11 (1930), hasta llegar a la austeridad racionalista del grupo residencial Frare Negre (1935) y los jardines Maluquer (ver pág. 18).

ARQUITECTO VERSÁTIL

Como muestra de la versatilidad de Eusebi Bona, solo 8 años separan estos dos edificios antagónicos estéticamente del arquitecto catalán: La Unión y el Fènix, de 1927, y la antigua Nestlé, de 1935, cuando todavía estaba abierta la zanja del tren en la calle Aragó (y que muestra efectivamente que el edificio tenía cuatro pisos de altura en origen).

Aragó, 242-248
Dreta de l'Eixample

Bus: 7, 22, 24, 63, 67, H10 y V15
Metro: L2 / L3 / L4, estación Passeig de Gràcia
Tren: R2, R2 Nord, R2 Sud, R11, R13, R14, R15, R16, estación Passeig de Gràcia

37. JARDINES FERRAN SOLDEVILA, DE LA UNIVERSIDAD DE BARCELONA (1934)

Artur Rigol i Riba

En los jardines centenarios del edificio histórico de la Universidad de Barcelona, famosos científica y ambientalmente por la importante variedad de especies botánicas que acogen, Artur Rigol remodeló una parte añadiendo pequeños estanques escalonados, enmarcados con hileras de ladrillo vista, con alternancia de parterres y de zonas enlosadas.

Artur Rigol era socio fundador del GATCPAC, y había colaborado con el movimiento en diversos proyectos: el ajardinamiento de la desaparecida casa Galobart, en colaboración con Josep Lluís Sert, la ambientación de la casita desmontable de fin de semana de 1932 (cuando se expuso en las calles de Barcelona) y la pequeña zona ajardinada del stand del GATCPAC para la Feria de Muestras de 1933. Estos jardines fueron uno de sus últimos proyectos porque el mismo año, el 10 de diciembre de1934, Rigol murió atropellado por una ambulancia militar en la plaza Universidad, quizá saliendo de una visita de obra a los jardines, un trágico final paralelo al de Antoni Gaudí solamente ocho años antes.

Gran Via de les Corts Catalanes, 585
Antiga Esquerra de l'Eixample

Bus: 24, 41, 50, 54, 55, 59, 63, 66, 67, H12, H16, V13 y V15
Metro: L1 / L2, estación Universitat

LA CASA GALOBART

AC. Documentos de Actividad Contemporánea. 1934

La casa Galobart (1930) de Josep Lluís Sert, que se menciona en la descripción de los Jardines Ferran Soldevila, se encontraba en el barrio de Gràcia, concretamente en la Travessera de Dalt, 102.

Visitas guiadas con expertos botánicos de la Universidad. Más información:

www.ub.edu/laubdivulga/visitesbotaniques

+ 34 93 4035412

38. DISPENSARIO ANTITUBERCULOSO, ACTUALMENTE C.A.P. DR. LLUÍS SAYÉ (1933)

Josep Lluís Sert, **Joan Baptista Subirana** y **Josep Torres Clavé**

Se trata del otro gran proyecto icónico del GATCPAC, junto con la Casa Bloc, ambos construidos en 1933 para la Generalitat republicana y ambos considerados manifiestos arquitectónicos que resumen los postulados de este movimiento. El encargo surgió del Departamento de Sanidad y Asistencia Social en el seno de una campaña contra la tuberculosis en Barcelona. Y se emplazó en el barrio del Raval porque era donde la incidencia de la enfermedad se acentuaba.

Al objeto de seguir los criterios higienistas del momento, en materia de soleamiento, ventilación y limpieza, bajo la guía del doctor Lluís Sayé i Sempere, se liberó mucho espacio en el solar para poderlo ajardinar y se introdujeron nuevos materiales funcionalistas como la carpintería de hierro i los muros de vidrio de pavés, tipo "Nevada", como se explica en la revista *A.C.*, que dedicó un monográfico a la construcción de este dispensario. ❯

> El edificio se organiza a en forma de L, en un solar irregular, orientado hacia el sur, en un ángulo del cual está la caseta para el guarda. En el brazo más largo, un pasillo con vistas al interior del solar da entrada a todas las dependencias y habitaciones. El brazo más corto forma una pequeña cruz, con la biblioteca y la sala de actos, con bóveda parabólica en cielo raso para mejorar la acústica. Los dos cuerpos principales quedan articulados por el núcleo de servicios y una gran zona de acceso al exterior.

Como centro sanitario, considerado pionero, se convirtió en un referente para otros centros construidos posteriormente. Constaba de salas especiales dedicadas a la otorrinolaringología, actinoterapia, neumotórax, broncoscopia, laboratorios, sala de rayos X, enfermería, archivo, biblioteca, sala de actos y un solárium en la azotea.

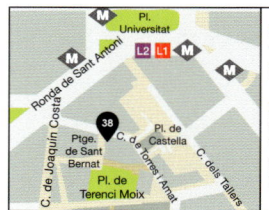

Pasaje Sant Bernat, 10 / Torres Amat
Raval

Bus: 24,41, 50, 54, 55, 59, 63, 66, 67, 120, H12, H16, V13 y V15
Metro: L1 / L2, estación Universitat

EL DOCTOR SAYÉ

Lluís Sayé i Sempere (1888-1975) fue uno de los expertos mundiales de más renombre en enfermedades pulmonares y tuberculosis y un gran estudioso de esa enfermedad desde su juventud, seguramente motivado por la muerte de su padre y su hermano a causa de una tuberculosis pulmonar. Realizó numerosos estudios de gran importancia e inició la vacunación antituberculosa en nuestro país. Se fue al exilio y volvió en 1951 cuando, pese a las restricciones franquistas a su ejercicio, prosiguió su tarea y continuó recibiendo distinciones extranjeras.

Retrato de Lluís Sayé dedicado al Dr. Josep Oriol Anguera, c. 1930s
© MHMC – 2966

LA GALERÍA JOAN PRATS

Cerca de la joyería Roca se encuentra el local de la antigua Galería Joan Prats, en la Rambla de Catalunya, 54. Sert diseñó el interiorismo en el año 1975, en la planta baja y en el sótano. Pero durante el mes de agosto de 2015, pese a estar catalogado y protegido por el Ayuntamiento de Barcelona, el interiorismo fue destruido y a día de hoy todavía no ha sido restituido. Sert había mantenido parte del mobiliario de la antigua sombrerería de la calle Ferran, precursora del local, y actuó sobre el resto con elementos chocantes como una moqueta de sisal y un zócalo cóncavo como el de la clínica Barraquer. Las paredes eran blancas y una claraboya hacía llegar la luz a la parte más interior. Joan Prats i Vallés (1891-1970) fue un destacado promotor artístico catalán, amigo íntimo de Joan Miró. Fue Joan Prats quien lo animó a ceder las 300 obras iniciales y un tercio de la futura producción del artista para la creación de la Fundación Miró y quien, asimismo, le gestionó la construcción del edificio.

© AFB / DdB - Francesc Català Roca

39. ANTIGUA JOYERÍA ROCA (1933)

Josep Lluís Sert i López

Rogeli Roca i Plans era amigo personal de Josep Lluís Sert. Cuando trasladó la joyería, relojería y platería fundada por su padre en 1888 desde la Rambla al Paseo de Gràcia, le pidió un interiorismo personalizado y de vanguardia. Sert le diseñó incluso los muebles de la nueva joyería, que hoy en día se exponen en el MNAC (Museo Nacional de Arte de Cataluña), fabricados en los talleres Viuda Josep Ribas, como la mayoría de los diseños del GATCPAC. El local contaba con un sótano donde se celebraban actos culturales (conferencias, exposiciones, lecturas de poemas…).

Para poder dibujar en la fachada los típicos ventanales apaisados del Racionalismo, cubiertos por una amplia faja de briquetas de pavés, Sert tuvo que rehacer toda la fachada y aposentarla sobre pilares de hierro.

La tienda lucía una fachada y unos interiores espectacularmente diáfanos y luminosos gracias a ese vidrio de pavès, inspirado en la *Maison de Verre* de Pierre Chareau en París, como hizo el arquitecto Sixte Illescas en el bloque de pisos de la calle Padua (ver pág. 22), que también fue conocido como la Casa de Vidrio.

Durante algunos años alojó la Joyería Tous, que recuperó el interiorismo sertiano, desaparecido con una nueva propiedad.

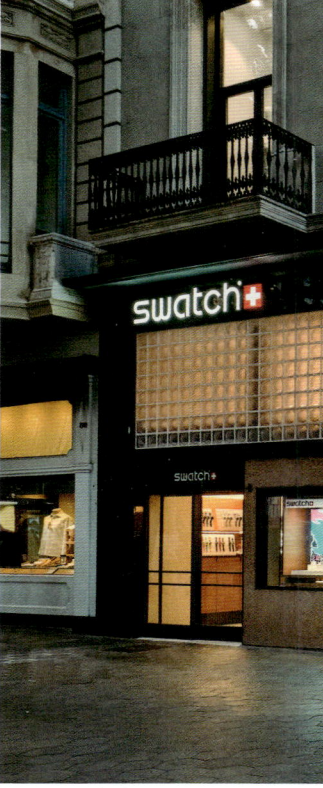

© IMPUiQV – Jordi Salinas

Pg. de Gràcia, 18 / Gran Via de les Corts Catalanes
Dreta de l'Eixample

Bus: 7, 22, 24, 50, 54, 62, H12 y V15
Metro: L2 / L3 / L4, estación Passeig de Gràcia
Tren: R2, R2 nord, R2 sud, R11, R13, R14, R15 y R16, estación Passeig de Gràcia

Y todas las líneas que llegan a Plaza Catalunya

© A.C. Biblioteca de Cataluña

Francesc Folguera i Grassi

La empresaria e industrial del textil Tecla Sala le encargó al arquitecto Francesc Folguera i Grassi este impactante inmueble en chaflán. El edificio debía acoger su vivienda en dúplex en el ático y el sobreático, viviendas para su familia y oficinas de alquiler en las primeras plantas, así como locales comerciales en los bajos. La obra enlaza la faceta más erudita del Novecentismo con el Racionalismo y las corrientes innovadoras centroeuropeas, especialmente con la sobriedad de estilo del checo Adolf Loos y los juegos volumétricos del expresionismo alemán.

En 1931, en la sede del GATCPAC Folguera pronunció el ciclo de conferencias: *Les condicions essencials de l'estructura de l'habitació* (Las condiciones esenciales de la estructura de la habitación) ›

Pau Claris, 81 / Casp, 24-26
Dreta de l'Eixample

Bus: 19, 22, 24, 39, 41, 45, 47, 55, 62, H16, V15 y V17
Metro: L1 / L4, estación Urquinaona
L1 / L3, estación Pl. Catalunya
Y todas las líneas que llegan a Plaza Catalunya

LA EMPRESARIA TECLA SALA

Tecla Sala i Miralpeix (Roda de Ter 1886 - Barcelona 1973) fue una gran empresaria del textil, que gestionó y amplió las fábricas que había heredado de su padre cuando se quedó huérfana a los 5 años. Llegó a tener, en 1930, 1.200 empleados en su fábrica de hilaturas de algodón de Hospitalet de Llobregat.

Como mecenas subvencionó a la Cruz Roja y la escuela Tecla Sala de Hospitalet de Llobregat, entre otros. También fue impulsora del escultismo en Cataluña.

Además de su casa de pisos, el Casal de Sant Jordi, en 1935 también le encargó a Francesc Folguera i Grassi una casa de veraneo en Collsacabra, El Llorà, que se ha erigido en un icono del estilo expresionista catalán y que actualmente pertenece al grupo de teatro Els Joglars, que tiene allí su sede.

> Folguera justificó la monumentalidad del edificio en la memoria que presentó al Ayuntamiento en 1929 para poder obtener permiso para levantarlo por encima del límite permitido. Contó con la colaboración del escultor Joan Rebull, autor del sant Jordi de más de cuatro metros que ocupa una posición central en la fachada y de los relieves que representan a Mercurio, dios del comercio y de la industria, y Ceres, diosa de la agricultura y la fertilidad. Las puertas son de bronce y en las sobrepuertas figuran apliques en relieve de Charles Collet. El jardinero Joan Mirambell fue el encargado de ajardinar las terrazas superiores. El dúplex de la propietaria fue concebido como una mansión urbana separada de los ruidos externos por un corredor perimetral. La vivienda incluye sala de música, oratorio y otras dependencias, así como una terraza interior singular con un estanque con fondo de cristal para hacer de claraboya del piso inferior. Ha sido sede del Departamento de Justicia de la Generalitat de Cataluya y actualmente está en obras.

41. CASA JOAQUIM MASANA (1936)

Josep Soteras Mauri

Josep Soteras, socio del GATCPAC, levantó este edificio para el promotor Joaquim Masana, en una concurrida arteria comercial y nudo de comunicaciones entre Ciutat Vella y el Eixample. Por eso mismo priorizó los locales comerciales en los bajos y concentró la entrada de vecinos en la fachada de la calle Trafalgar.

Levantó el edificio hasta nueve plantas, en aquel entonces muy por encima de los inmuebles existentes, con la idea de hacer caber bastantes viviendas y oficinas que rentabilizasen la inversión.

Desde un punto de vista estético, las tres fachadas son diferentes, en un juego volumétrico de llenos y huecos entre los balcones abiertos, las tribunas rectangulares y las triangulares. La fachada que concentra el peso del diseño es la de la plaza Urquinaona. El edificio presenta un elemento unificador de las tres fachadas, que es la tribuna del primer piso que las enfaja. El coronamiento es escalonado con terrazas ajardinadas en el ático y en el sobreático.

© AFB – Eduard Olivella

EL ANTIGUO BANCO DE VIZCAYA

No muy lejos, en plaza Catalunya 21, encontramos un impresionante edificio Art Déco, el antiguo Banco de Vizcaya, que hoy en día aloja en los bajos el Hard Rock Cafe. Es un edificio de 1930, obra del arquitecto vasco Manuel Ignacio Galíndez Zabala (1892-1980). Galíndez estudió en Madrid con Gutiérrez Soto pero repudiaba el estilo moderno y se quedó en un estilo Art Déco muy influenciado por lo que había visto en una estancia en Berlín en los años 20. Una escultura en bronce de Atenea, la diosa griega de la sabiduría y la artesanía (Minerva para los romanos) remata el tramo más alto de la fachada.

Ronda Sant Pere, 22 / Trafalgar / Plaza Urquinaona
Dreta de l'Eixample

Bus: 19, 39, 45, 47, 55, 62, H16, V15, y V17
Metro: L1 / L4, estación Urquinaona

42. EL RASCACIELOS DE URQUINAONA O CASA FÀBREGAS (1933)

Luis Gutiérrez Soto y **Carles Martínez Sánchez**

Este rascacielos, concebido más como transatlántico que como barco por su envergadura, supera con creces en tamaño a la paradigmática pero minúscula casa-barco que Joaquín Labayen y José Manuel Aizpúrua construyeron en 1929 para el Club Náutico de San Sebastián, en el País Vasco.

Con sus dieciséis piso de altura, cinco apartamentos por planta, y coronado con el inmenso sobreático del propietario y promotor, Joan Fàbregas i Moragas, fue durante décadas el primer y único rascacielos de Barcelona.

Aunque el proyecto data de 1933, las obras no empezaron hasta 1936. A causa del estallido de la Guerra Civil, y con el arquitecto enrolado en la aviación del bando franquista, las obras se alargaron hasta 1944.

El madrileño Luis Gutiérrez Soto, uno de los introductores del Racionalismo en Madrid, no fue del GATEPAC posiblemente por motivos ideológicos, pero es, con 650 proyectos, uno de los arquitectos más prolíficos de la conocida como Generación del 1925, sobre todo en la construcción de cines antes de la Guerra Civil. Después cultivó el monumentalismo, y

se convirtió en el artífice de las casas modernas de la alta burguesía madrileña con extensiones a Torremolinos y Málaga.

Su director de obra en Barcelona fue Carles Martínez Sánchez, autor de la Casa Roca Barallat en la Via Augusta (ver pág. 48).

Jonqueres, 16 / Trafalgar,
2-4 / Plaza Urquinaona
Sant Pere, Santa Caterina i
la Ribera

Bus: 19, 39, 45, 47, 55, 62,
H16, V15, y V17
Metro: L1 / L4, estación
Urquinaona

43. ANTIGUO EDIFICIO DE LA COMPAÑÍA ESPAÑOLA DE SEGUROS, CDA (1926)

Antoni Puig i Gairalt

Todavía era demasiado pronto. Era demasiado atrevido. El Ayuntamiento de Barcelona no se atrevió a dejar pintar la fachada de este edificio de color verde claro, como después de pintarían tantísimas fachadas racionalistas. Y se pintó con las franjas azules sobre amarillo que la última restauración, en 2016, ha recuperado. Precisamente, estas franjas inspiraron a Jaume Mestres i Fossas, otro postnovecentista, que en1931 las recreó en la casa Ginestà, en la avenida Gaudí 44 (ver pág. 142).

Se trata de un edificio considerado proto-racionalista o racionalista *avant la lettre*, ya que entra dentro del período en que Antoni Puig i Gairalt se iba desvinculando del Novecentismo y se encontraba cómodo en el Art Déco internacional. Fue socio numerario del GATCPAC pero no se llegó a involucrar, como la mayoría de los postnovecentistas, ligados a la ornamentación y las artes decorativas que el GATCPAC rechazaba.

Destaca en la estructura la torre esquinera que quiere monumentalizar el edificio y, en la ornamentación, el relieve *Bañistas, Marina* (1923) de Joan Rebull y la puerta de hierro con un barco de J. Cuyàs.

ARQUITECTO Y MÚSICO

© Museo Pau Casals

Antoni Puig i Gairalt combinó la arquitectura con su otra pasión, la música: fundó la Asociación de Música de Cámara de Barcelona y compartió conciertos con Mercè Plantada, Wanda Landowska y Pau Casals, su gran amigo, para quien construyó una casa de veraneo, hoy en día museo, en Sant Salvador, El Vendrell.

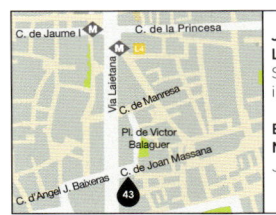

Joan Massana, 4 / Via Laietana, 6
Sant Pere, Santa Caterina i la Ribera

Bus: 45, 120, V15 y V17
Metro: L4, estación Jaume I

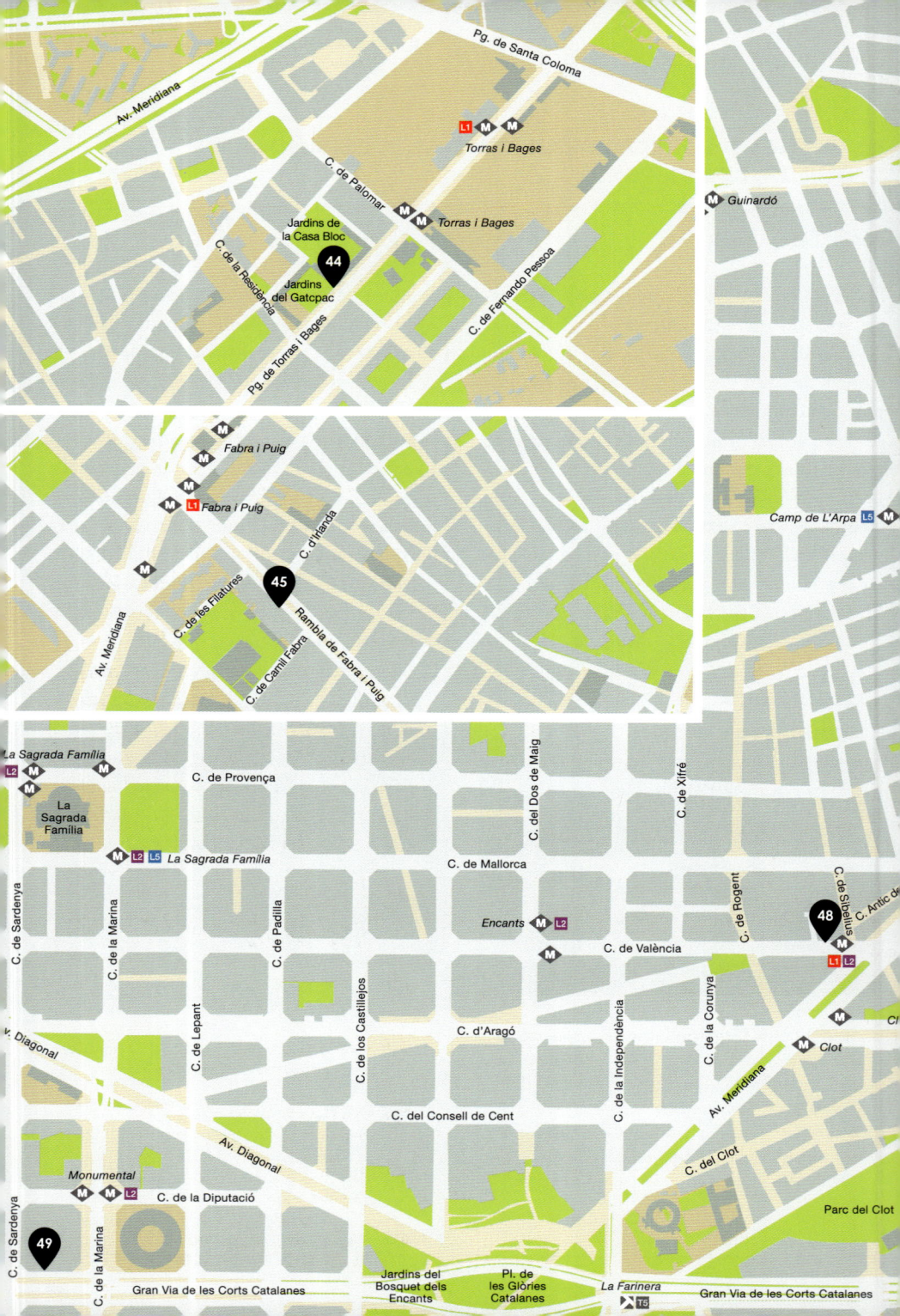

6. DE SANT ANDREU A FORT PIENC

El edificio estrella de este itinerario es la **Casa Bloc** de Sant Andreu, la obra paradigmática del GATCPAC, donde se ofrecen visitas guiadas del **piso museo** (es necesario realizar reserva previa). Los otros cinco edificios que configuran esta ruta están muy distantes entre sí, en barrios distintos, con un itinerario de 6,5 km que recomendamos realizar en transporte público, desde Torras i Bages hasta Glòries, donde finaliza la ruta con la **Casa Manuel Sanllehy**.

---

44 Casa Bloc (1932)
Josep Lluís Sert, Joan Baptista Subirana y Josep Torres Clavé

45 Casa del antiguo Montepío de Empleados (1938)
Raimon Duran i Reynals

46 Edificio de viviendas de la calle de l'Art (1935)
Antoni Maria de Ferrater i Bofill

47 Casa Nativitat Vedruna (1931)
Joan Baca i Reixach

48 Casa Ramon Serra (1934)
Ramon Puig i Gairalt

49 Casa Manuel Sanllehy Girona (1935)
Ricard de Churruca i Dotres

44. CASA BLOC (1932)

Josep Lluís Sert, Joan Baptista Subirana y **Josep Torres Clavé**

La casa Bloc es la obra maestra del Racionalismo en Barcelona ya que mezcla el espíritu de vanguardia arquitectónica importada de la modernidad europeísta, con elementos de la arquitectura vernacular mediterránea. Además, esta fusión internacional y local se enfoca hacia la mejora social para la clase obrera, que era una de las premisas que querían introducir los jóvenes arquitectos del GATCPAC, de acuerdo con la Generalitat republicana, en el proyecto urbanístico que se bautizó como Plan Macià, en honor al entonces presidente de Cataluña, Francesc Macià.

Se construyeron 207 dúplex en cinco bloques *à redent* (en zig-zag) y sobre *pilotis* (pilares), según la terminología de Le Corbusier, el arquitecto suizo que fue una especie de instigador intelectual del proyecto.

Los apartamentos eran soleados y bien ventilados. Se había proyectado que el complejo tuviera zonas comunes en los bajos y en los patios centrales para acoger actividades de ocio para ›

LOS CINCO PUNTOS DE LE CORBUSIER SE CUMPLEN EN LA CASA BLOC

© AFB – Pérez de Rozas

El presidente Macià, autoridades y ciudadanos ante la maqueta de la Casa Bloc, en marzo de 1933

Le Corbusier publicó en la revista *L'Esprit Nouveau* (1927) los cinco puntos que habían de regir toda obra de arquitectura moderna:

1. Planta baja sobre pilares para permitir la circulación de vehículos.
2. Planta libre para poder mover los tabiques.
3. Fachada libre de elementos estructurales para poder diseñarla sin condicionantes.
4. Ventanas apaisadas para dejar entrar más luz en los interiores.
5. Terraza-jardín en la cubierta del edificio

> niños (guardería, piscina, biblioteca infantil y campo de juego) y adultos (café, biblioteca, baños públicos, juegos y restaurante).

Hoy en día el complejo es propiedad del Instituto Catalán del Suelo de la Generalitat, que en 2010 firmó un convenio con el Ayuntamiento de Barcelona a través del Disseny Hub Barcelona y el Instituto de Cultura de Barcelona (ICUB) para museizar y abrir al público un piso tal como lo había proyectado el GATCPAC. La visita del piso 1/11 es indispensable para entender el paso de gigante social que este proyecto significaba para un barrio obrero como Sant Andreu. Pero la Gue-

rra Civil y la larga postguerra truncaron una iniciativa que mejoraba de lejos, con un uso racional del dinero público, las condiciones de vida de las clases desfavorecidas.

Al piso-museo se llega por los pasillos exteriores que dan a la cara norte. La terraza da a la cara sur. Algunos inquilinos han cerrado esta terraza para ganar espacio habitable, desfigurando la estética original del bloque. El dúplex separa claramente la planta diurna, con el comedor y sala de estar, la cocina y el baño, de la planta nocturna (la superior) destinada a habitaciones.

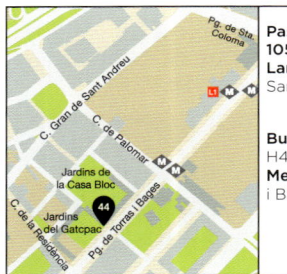

Paseo Torras i Bages, 91-105 / Almirall Pròixida / Lanzarote / Residència
Sant Andreu

Bus: 11, 62, 96, 126, 127, H4 y V31
Metro: L1, estación Torras i Bages

Las visitas guiadas individuales se realizan los sábados a las 11:00. Se recomienda reserva previa. Para visitas en grupo es imprescindible la reserva previa. Cerrado en agosto. Más información y reservas en:

www.dissenyhub.barcelona
+34 93 2566801

45. CASA DEL ANTIGUO MONTEPÍO DE EMPLEADOS (1938)

Raimon Duran i Reynals

Estos dos bloques gemelos de viviendas podrían pasar desapercibidos en medio de todas las tipologías de edificios vecinos construidos hasta los años 70, ya que la fachada no presenta ninguna característica especial y las entradas y los vestíbulos han sido totalmente remodelados.

Como atributos racionalistas, solamente quedan las rejillas metálicas y los separadores de los balcones. Toda la carpintería exterior y las características puertas de hierro negro racionalistas han sido sustituidas por aluminio. En el número 43 solo quedan de época los estucados del techo del vestíbulo, mientras que en el 45 se conservan la estructura larga y estrecha, la baranda y la rejilla del ascensor.

Los edificios tienen planta baja y cinco pisos, con dos apartamentos por rellano, cada uno de ellos con balcón y ventana que sobresalen de la fachada creando así un voladizo sobre la acera. Toda la fachada está revocada en color crema excepto la planta baja, que ha sido recubierta con aplacado de piedra gris.

Rambla Fabra i Puig, 43-45
Sant Andreu

Bus: 11, 34, 62, 96, 122, 126 y H6
Metro: L1, estación Fabra i Puig
Tren: R3, R4, R7, R12, estación Sant Andreu Arenal

46. EDIFICIO DE VIVIENDAS DE LA CALLE DE L'ART (1935)

Antoni Maria de Ferrater i Bofill

Este edificio constituye otro ejemplo de hábil combinación de recursos muy básicos con la obtención de resultados de una singular belleza racionalista.

El diseño de la fachada viene marcado por la horizontalidad de las franjas de ladrillo a vista que alinean las ventanas con los balcones. Esta continuidad apaisada se rompe con la línea vertical de las ventanas de la escalera de vecinos, una línea que sobresale de la baranda de la azotea superior con la caja de la escalera. Los ingredientes del cóctel constructivo y decorativo están en el paramento: el ladrillo a vista, alternado con el aplacado de cemento de los bajos, el revoque de la fachada y las ventanas retrasadas que en el ángulo ofrecen un bonito efecto.

En los detalles destacan la rejilla verde remachada de los balcones, las persianas mallorquinas verdes, la puerta geométrica de hierro y vidrio y las vigas sube-muebles. El vestíbulo está revestido de mármol blanco y la barandilla es de hierro con pasamanos de madera.

ARQUITECTO FUTURISTA

© AFB – Esteve Puig Pascual

Antoni de Ferrater era arquitecto y miembro del GATCPAC. Mientras algunos compañeros de generación hacían Novecentismo en la Exposición Internacional de 1929, él se decantó por hacer Futurismo, la corriente más exagerada del Art Déco, en el pabellón de las marcas Uralita, Eternit i Zenit, junto con el arquitecto francés Charles Siclis El Futurismo sugería dinamismo y velocidad con efectos cromáticos y líneas alargadas.

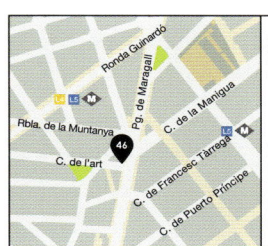

De l'Art, 2 / Paseo Maragall, 130
Guinardó

Bus: 19, 45, 47, 50, 51, 117, D40 y H6
Metro: L4 / L5, estación Maragall
L5, estación Congrés

47. CASA NATIVIDAD VEDRUNA (1931)

Joan Baca i Reixach

Siguiendo la premisa de los miembros del GATCPAC de dar la misma importancia a la fachada posterior que a la de la calle principal, como hicieron Sert en la calle Rosselló (ver pág. 72) y Duran i Reynals en la calle Aribau (ver pág. 40), Baca i Reixach aprovecha la longitud del solar para hacer dos viviendas con vistas a la calle y dos más con vistas al interior de manzana. Así, levanta dos edificios gemelos de planta baja y seis pisos, con cuatro viviendas por planta, situados entre medianeras, en el barrio del Clot.

A pesar de haber perdido la puerta original del núm. 238, y que el arrimador original de mármol nos ha llegado muy deteriorado por la acción de la intemperie, la doble fachada conserva la pureza estilística del diseño racionalista, con todas les barandas de alambre tejido y molduras de terracota enmarcando las aberturas. En los vestíbulos de entrada se conservan, desgastadas, las escaleras de mármol blanco, los pilares con capitel y las molduras de yeso en los techos.

En algunos estudios consta solamente el número 240 con la autoría de Baca i Reixach y el número 238 se atribuye a Juan José Olazábal.

ARQUITECTURA INDUSTRIAL

© J. Plana

A pesar de que era de la misma generación que los fundadores del GATCPAC, y que fue socio, Joan Baca i Reixach es más conocido por la arquitectura industrial que dejó en Terrassa, con vistosas y altísimas chimeneas, y por las residencias que construyó en los años 50 en el Empordà, que por su legado racionalista.

Navas de Tolosa, 238 i 240
Clot

Bus: 33, 34, 62, 192 y H10
Metro: L1 / L2, estación Clot

48. CASA RAMON SERRA (1934)

Ramon Puig i Gairalt

El edificio Ramon Serra, con planta baja y siete pisos, y con azotea plana a la catalana, hoy en día aloja la residencia para gente mayor Sibelius, el nombre de la calle lateral.

Es una fachada muy contenida, que ha perdido la fuerte carga expresionista de los edificios anteriores del autor, coloridos y atrevidos, que hemos conocido en el itinerario 4 (ver págs. 92, 98-101) por Poble-sec, Collblanc, Sants y Les Corts, y también en el edificio Pidelaserra de la calle Balmes (ver pág. 50).

Puig i Gairalt recupera los balcones de hierro tradicionales, aunque poligonales, con diseños geometrizantes, como la bonita puerta principal del edificio (hay una entrada lateral, sin

interés). El chaflán redondeado queda plano en comparación con los bloques anteriores, y en la cubierta ensaya una nueva solución en forma de mansarda parisina donde quedan insertadas las vigas sube-muebles.

LA TORRE AMAT EN CARDEDEU, UN NEXO

En la fachada posterior de la Casa Ramon Serra aparecen los cerramientos con vidrios de colores típicos de las tribunas del Eixample que recuerdan a las casas eclécticas que Puig i Gairalt construyó en Cardedeu en la segunda década del siglo XX, como la Torre Amat, hoy aislada en medio de la urbe moderna.

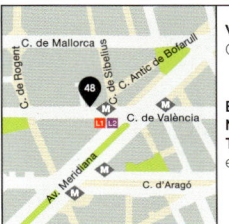

València, 617 / Sibelius
Camp de l'Arpa del Clot

Bus: 33, 34, 62 y H10
Metro: L1 / L2, estación Clot
Tren: R1, R2, R2 nord, R11, RG1, estación Clot

49. CASA MANUEL SANLLEHY GIRONA (1935)

Ricard de Churruca i Dotres

Se trata de una casa sencilla, una obra secundaria pero estilísticamente elegante y depurada de Ricard de Churruca, de cuatro viviendas por rellano, que en un principio solamente tenía dos pisos de altura pero a la que en el año 1936 se le añadieron dos más.

Churruca juega, igual que en la casa Rosales del número 3 (ver pág. 176) de la calle Iradier, con un color beige para el revoque que contrasta con el color garbanzo de los balcones, y con el aplacado de piedra natural, hoy muy deteriorada, en la planta baja.

El bloque se sitúa entre medianeras, con azotea plana a la catalana, una fachada purista, de ventanas sin enmarcamiento y una tribuna central con cuatro ventanas agrupadas en dos ventanales, flanqueada por un balcón en cada lado.

La simetría exterior queda reforzada a pie de calle por un local comercial a cada lado de la puerta de acceso, que es de hierro negro y vidrio de un bonito diseño ortogonal neoplasticista que recuerda la estética de Piet Mondrian y del grupo neerlandés De Stijl.

Gran Via de les Corts Catalanes, 737
Fort Pienc

Bus: 6, 7, 62, H12 y V21
Metro: L2, estación Monumental

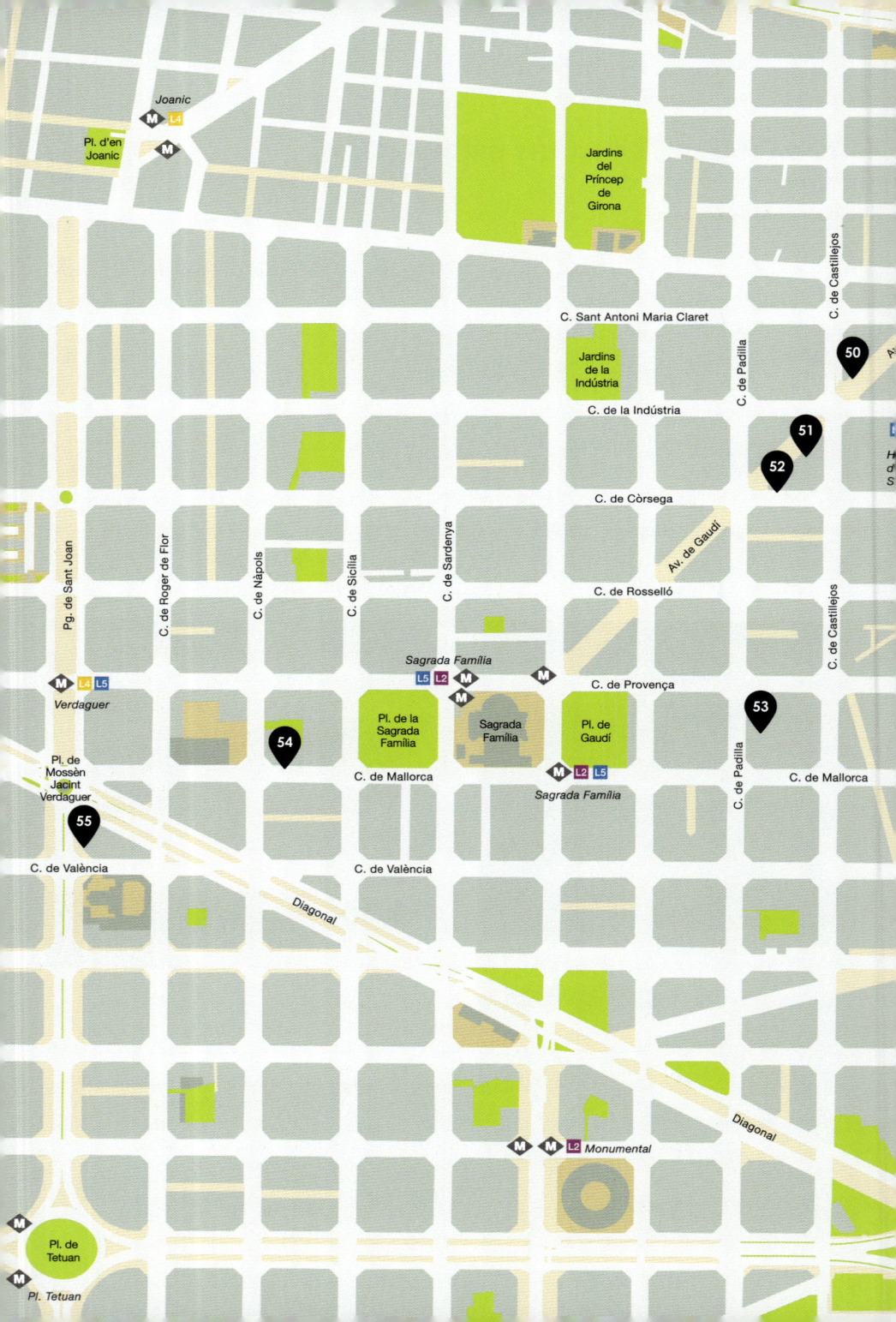

Joanic

M L4

Pl. d'en
Joanic

M

Jardins
del
Príncep
de
Girona

C. Sant Antoni Maria Claret

Jardins
de la
Indústria

C. de la Indústria

50

C. de Castillejos

C. de Padilla

51

52

C. de Còrsega

C. de Roger de Flor

C. de Nàpols

C. de Sicília

C. de Sardenya

Pg. de Sant Joan

Av. de Gaudí

C. de Rosselló

Sagrada Família

L5 **L2**

M

M

C. de Provença

C. de Castillejos

M L4 L5

Verdaguer

54

Pl. de la
Sagrada
Família

Sagrada
Família

Pl. de
Gaudí

53

C. de Padilla

Pl. de
Mossèn
Jacint
Verdaguer

C. de Mallorca

M L2 L5

C. de Mallorca

Sagrada Família

55

C. de València

C. de València

Diagonal

Diagonal

M **M** L2 Monumental

M

Pl. de
Tetuan

Pl. Tetuan

7. ZONA DE LA SAGRADA FAMILIA

El itinerario más breve y llano de la guía empieza en la avenida Gaudí, con vistas al **Hospital de Sant Pau** por detrás y a la **Sagrada Familia** por delante, dos joyas de la arquitectura del siglo XX, antagónicas al Racionalismo. Este itinerario incluye también el edificio de la **antigua Fábrica Myrurgia**, icono del Art Déco catalán y considerada la primera obra del Racionalismo en Barcelona, estilo con el que se fusiona dando bellos resultados. Y al final de la avenida Gaudí, resulta interesante el diálogo que el arquitecto Jaume Mestres establece entre sus casas **Viladot** y **Ginestà**.

50 Casa Viladot (1930)
Jaume Mestres i Fossas

51 Casa Anna M. Torras Riviere (1932)
Pere Benavent de Barberà i Abelló

52 Casa Ginestà (1931)
Jaume Mestres i Fossas

53 Casa Ramon Mestre Domingo (1935)
Sixte Illescas i Mirosa

54 Fábrica Myrurgia (1928)
Antoni Puig i Gairalt

55 Casa Josep Miró o Harinas Serra (1935)
Ramon Puig i Gairalt

50. CASA VILADOT (1930)

Jaume Mestres i Fossas

Edificio en chaflán de planta baja y siete plantas con dos viviendas por rellano y ascensor. La composición transmite una clara horizontalidad, acentuada por las franjas cerámicas amarillas y las líneas que, recorriendo los dinteles y los alféizares de las ventanas, van enfajando todo el edificio. Esta horizontalidad compositiva todavía quedaba más marcada en origen, pues existía una pérgola en el ajardinamiento superior, que se perdió con los años.

La casa Viladot, también conocida como Sala-Viladot, dialoga con la vecina casa Ginestà, en el número 44 de la avenida Gaudí, de idénticas dimensiones (ver pág. 142). Si en la fachada del chaflán de la casa Viladot hay un eje vertical con un doble balcón en medio y las esquinas vacías, en la casa Ginestà, los balcones están en las esquinas y el eje de simetría central está vacío, como si las casas encajaran en un divertido juego imaginario de positivos y negativos, comulgando con el sentido lúdico de un arquitecto deportista como Mestres i Fossas.

AMANTE DEL DEPORTE

© AMDCV - Autor desconocido

Jaume Mestres i Fossas fue un destacado deportista. Como arquitecto, pudo también proyectado equipamientos, deportivos, muchos de ellos pioneros: la primera piscina cubierta de España, en 1929, para el Club Natación Barcelona, o el primer autódromo, el Terramar de Sitges, en 1923, o el primer estadio candidato a unos Juegos Olímpicos, el Estadio Catalán, en 1921, en La Foixarda, actualmente campo de rugby.

**Avenida Gaudí, 71 /
Castillejos, 328**
Sagrada Família

Bus: 19, 45, 47, 50, 51, 92, 117, 191, 192, H8 y V21
Metro: L5, estación Sant Pau - Dos de Maig

51. CASA ANNA M. TORRAS RIVIERE (1932)

Pere Benavent de Barberà i Abelló

Este edificio de viviendas económicas de alquiler que Pere Benavent proyectó para su esposa, constituye una obra muy madura en la que quiso argumentar todos sus posicionamientos ideológicos. Tanto es así que incluso escribió y publicó el opúsculo *Una casa de viviendas económicas, Avda. Gaudí, 56* (1933) e hizo grabar su firma en la piedra en la parte izquierda de la planta baja.

También se aparta voluntariamente de los 5 puntos postulados por Le Corbusier en *l'Esprit Nouveau* y se aproxima más a las directrices publicadas en la revista *Moderne Bauformen*. Benavent no se integró plenamente ni en el GATCPAC ni en el espíritu de la Bauhaus. En su conferencia "El honor y la gloria del oficio" de 1934 ridiculizaba el modelo de casa de Le Corbusier ("la máquina para habitar", traducción literal del francés "la machine à habiter") y durante un tiempo polemizó con los vanguardistas internacionales, enfrentándose con el GATCPAC.

Benavent estructura su proyecto hasta el límite para que gane en sencillez y destierra así todo lo que no esté sometido a una función. Escoge los materiales con mucho cuidado para que sean higiénicos, como el arrimador cerámico de la entrada, de fácil limpieza, y busca que todas las estancias estén soleadas y ventiladas. El edificio cuenta con fachada a dos calles y dos viviendas se abren en cada fachada, aunque solo hay una entrada por la avenida Gaudí. La planta baja está revestida de placas de piedra numulítica de Girona y el resto es de obra vista, aplantillado en los ángulos. Las ingeniosas contraventanas metálicas verticales y plegables son una de las gratas sorpresas de este edificio juntamente con la bonita entrada y escalera donde todo pivota alrededor del color verde: la baranda tubular verde, el suelo de piedra artificial, las rejas verdes, las baldosas verdes típicas de La Bisbal… a conjunto con las persianas enrollables verdes del exterior, muestra de la arquitectura vernácula popular.

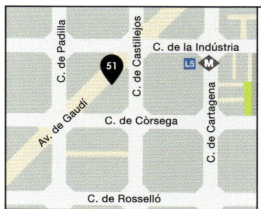

Avenida Gaudí, 56 y Castillejos, 333
Sagrada Família

Bus: 19, 45, 47, 50, 51, 92, 117, 191, 192, H8 y V21
Metro: L5, estación Sant Pau - Dos de Maig

UN PLAFÓN DE VÍCTOR MORÉ

Víctor Moré i Verdaguer (Barcelona 1891-Canovelles 1967) se formó como escultor en Bruselas y en Barcelona donde, además de participar en exposiciones, trabajó para arquitectos y escenógrafos. Para la casa Torras realizó un plafón cerámico situado en la parte derecha de la planta baja, que representa un San Francisco que muestra sus estigmas, con el monte Tabor detrás, rodeado de pájaros y con el lobo de Gubbio.

52. CASA GINESTÀ (1931)

Jaume Mestres i Fossas

Como un negativo de la casa Viladot (ver pág. 138), la casa de Joan Ginestà dialoga desde el otro lado de la Avenida Gaudí, ambas con vistas incomparables a la fachada del Nacimiento y al ábside de la Sagrada Familia por delante, y al hospital de Sant Pau por detrás. Con un año de diferencia en la construcción, los balcones han pasado de ser de medio hexágono a tener planta redondeada. Sin embargo en el vestíbulo, la caja del ascensor se mantiene hexagonal. El diseño en hierro se ha vuelto más discreto en los balcones de barrotes planos, mientras que en las ventanas son tubulares.

El paramento de la casa Ginestà mantiene un fondo ocre pero se superponen franjas grises, a conjunto con la carpintería y la piedra de la entrada. El coronamiento escalonado conecta con toda la vertiente Art Déco de Mestres i Fossas, que se consideraba de la Generación del 1925. Pese a simpatizar con el Racionalismo y convertirse en miembro del GATCPAC, no se llegó a identificar nunca con su ideario.

UN PABELLÓN ART DÉCO EN LA EXPOSICIÓN DEL 29

© AFB - Autor desconocido

Mestres dio muestras de su Novecentismo artdecoizante en el Pabellón de los Artistas Reunidos (1929), que tenía un maravilloso interiorismo creado por el decorador Santiago Marco. Algunas voces han reclamado la reconstrucción del pequeño pabellón, como se hizo con el de Mies Van der Rohe (ver pág. 84). Las puertas, hoy desaparecidas, se conservaron durante un tiempo en el también desaparecido comercio Biosca & Botey.

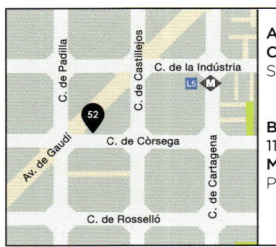

Avenida Gaudí, 44 / Còrsega, 599
Sagrada Família

Bus: 19, 45, 47, 50, 51, 92, 117, 191, 192, H8 y V21
Metro: L5, estación Sant Pau - Dos de Maig

53. CASA RAMON MESTRE DOMINGO (1935)

Sixte Illescas i Mirosa

Se trata de un edificio entre medianeras con planta baja y seis pisos, dos viviendas por rellano y ascensor. Es un edificio simétrico, de apariencia simple, con balcones de barrotes de hierro divididos en dos por un gracioso paravientos Art Déco en forma de nube, puerta centralizada y paramento de estuco, con revestimiento de piedra en la planta baja hasta la moldura que la separa del resto del edificio. Las ventanas están enmarcadas con piedra artificial.

DEPURACIÓN Y SUPERVIVENCIA DURANTE EL FRANQUISMO

El Franquismo significó el fin del GATCPAC y la persecución todos los miembros que habían sobrevivido a la Guerra Civil, que no se habían exiliado y que habían tenido trabajo activo como tales durante la fértil época republicana. Torres Clavé y Puig i Gairalt no sobrevivieron a la Guerra Civil, Sert se exilió a EEUU, Lacasa a la URSS, Bonet Castellana a Argentina, Ribas Seva a Colombia, Rodríguez Arias a Chile...

Joan Baptista Subirana y Sixte Illescas se quedaron en Catalunya y sufrieron la represión. El primero con dos órdenes de depuración y el segundo, hasta donde sabemos, con un expediente sancionador que suponía cinco años de inhabilitación para cargos públicos, directivos y de confianza.

En 2008, Albert, hijo de Sixte Illescas, publicó junto con el también arquitecto Manuel Brullet el libro *Sixte Illescas, arquitecto (1903-1986). De la vanguardia al olvido*, publicado por el Colegio de Arquitectos de Cataluña, en el que se analizaba la producción de Illescas en dos períodos diferenciados, tomando la Guerra Civil como corte divisorio. El libro explica cómo Illescas mantuvo el espíritu renovador y contestatario en ámbitos culturales como la música, las artes visuales o las tertulias, pero no lo pudo hacer en el campo de la arquitectura.

Padilla, 244
Sagrada Família

Bus: 19, 33, 34, 50, 51, H10 y V21
Metro: L2 / L5, estación Sagrada Família

54. FÁBRICA MYRURGIA (1928)

Antoni Puig i Gairalt

La Fábrica Myrurgia se considera la obra racionalista (todavía fusionada con el Art Déco) más antigua de Barcelona, con la que Antoni Puig i Gairalt ya ha dejado atrás el Novecentismo de proyectos anteriores y se acerca a los jóvenes revolucionarios del GATCPAC, aunque son de una generación posterior, 15 años más jóvenes que él.

Se trata de un edificio industrial, joya del Art Déco, hoy con diversas mutilaciones y reconvertido al sector de servicios turísticos, que da a las calles Provença y Nàpols, con entrada por el chaflán de la calle Mallorca. La composición de las fachadas se plantea con las líneas horizontales de ventanas corridas que preconizaba el movimiento internacional y el acceso se efectúa por un cuerpo más alto que acoge el famoso vestíbulo Art Déco: las puertas de hierro negro y latón y la escalinata de mármoles agrisados y baranda tubular y vidrieras obra de los talleres Raimon Vayreda en el centro de la cual se colocó la escultura *Chica que se peina* (1914) de Esteve Monegal, al mismo tiempo propietario de la fábrica. >

> Cabe señalar que la singular arquitectura exterior e interior del edificio no se explicaría sin el proyecto global de diseño y estética de la compañía, a cargo de este empresario, que abarcaba desde la escultura y el diseño de las etiquetas hasta los anuncios publicitarios, como nos explica Mariàngels Fondevila en el libro de 2015 *Art Déco català (1909-1936).*

EXPOSICIÓN FUNDACIONAL

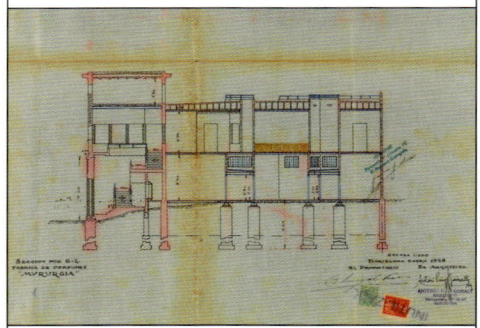

© AMCB

El GATCPAC expuso el proyecto de la Myrurgia en la muestra fundacional de arquitectura de las Galerías Dalmau de abril de 1929, organizada como una réplica insurgente a la arquitectura novecentista oficial de la Exposición Internacional de 1929. Antoni Puig i Gairalt fue socio honorífico del GATCPAC, pero no llegó a adscribirse nunca, principalmente a causa de que, como todos los postnovecentistes, era contrario a algunas tesis de Le Corbusier, especialmente a su idea de la vivienda como "máquina para habitar" (traducción literal del francés "machine à habiter").

Mallorca, 351 / Nàpols, 238-254
Sagrada Família

Bus: 19, 33, 34, 50, 51 y H10
Metro: L2 / L5, estación Sagrada Família

55. CASA JOSEP MIRÓ O HARINAS SERRA (1935)

Ramon Puig i Gairalt

Este impactante chaflán del Eixample, situado en el paseo Sant Joan, en realidad son dos edificios juntos: el número 96 de seis plantas y el número 94 tiene siete y es mucho más espectacular. A Ramon Puig i Gairalt, el arquitecto autor de este chaflán, le gustaba unir diversos edificios en un solo.

Sorprende que Puig i Gairalt vuelva en época tan tardía a utilizar el arco de punto redondo novecentista con una reja, también anacrónica, para la entrada principal, con el resto de elementos marcadamente racionalistas.

Destaca en el paramento el uso de piedra abujardada en el zócalo, y el aplacado de piedra caliza rosada en la planta baja mientras que el resto del edificio está enlucido con estuco liso.

HARINAS SERRA, S.A.

© F. Itarte

Curiosamente, la constructora de este gran edificio es la razón social Harinas Serra, S.A. de Mollet del Vallès, que liderada por Ramon Serra Masachs, a finales de los años 20 y principios de los 30, se pasó a la construcción. Licitó y ganó numerosos concursos públicos, como el de las escuelas públicas de Ulldecona en 1929 o el de las escuelas del Pla de Santa Maria en 1933.

Paseo de Sant Joan 94-96 / València, 357
Dreta de l'Eixample

Bus: 19, 33, 34, 50, 51, 55 y H10
Metro: L4 / L5, estación Verdaguer

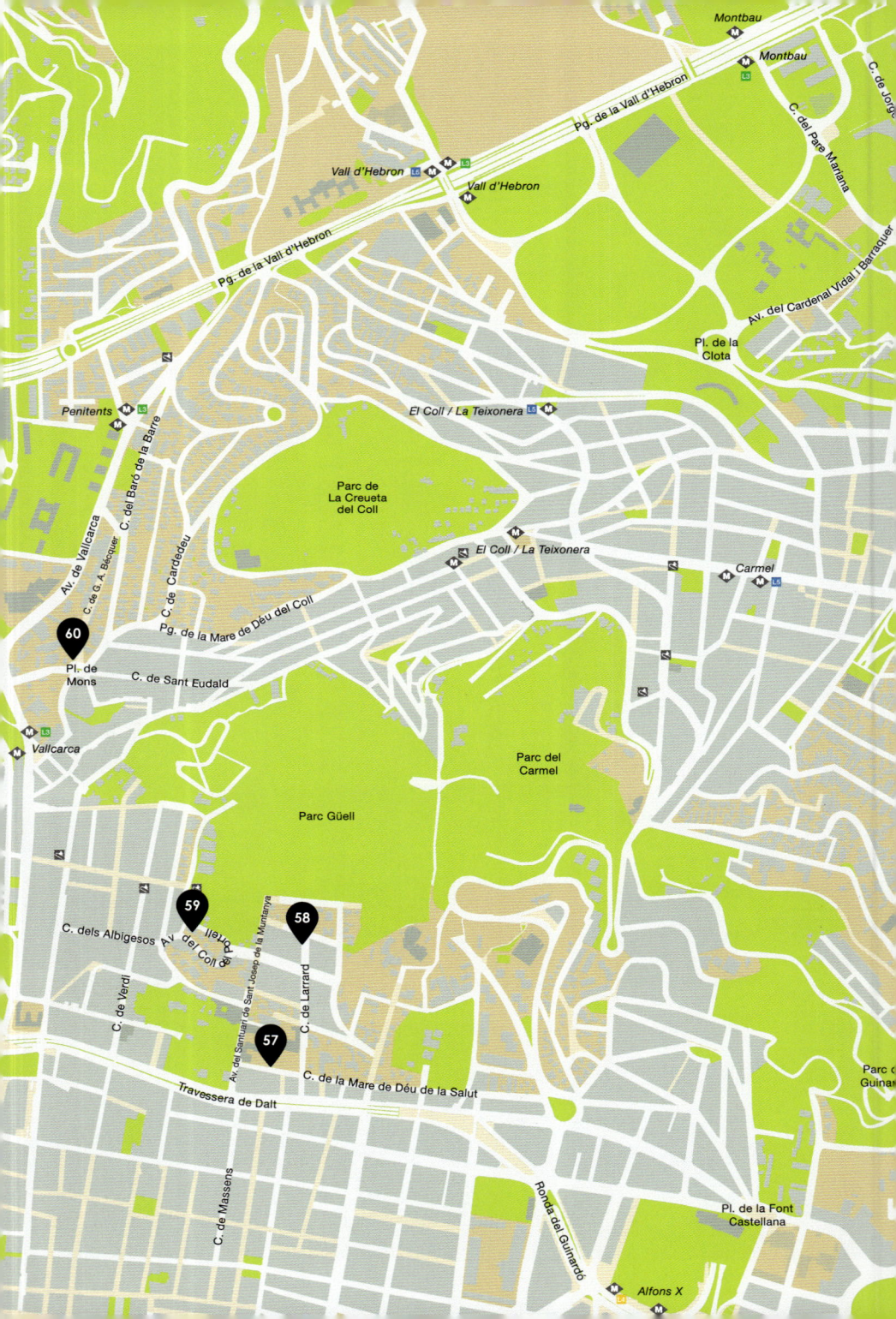

8. DE VALL D'HEBRON A VALLCARCA

El itinerario empieza ante la réplica del famoso **Pabellón de la República**, en el barrio de Vall d'Hebrón. El siguiente edificio se encuentra delante del **Park Güell**, a 4 km de distancia, por lo que aconsejamos utilizar el transporte público. El itinerario prosigue por calles empinadas, hecho que debemos tener en cuenta cuando planifiquemos las visitas. Los últimos dos edificios son obras muy emblemáticas del GATCPAC: la célebre casa barco de Coll del Portell o **Casa Vilaró**, y la **Casa Barangé I** de Vallcarca. Ambas constituyen grandes ejemplos de cómo sacar provecho de los desniveles del terreno.

56 Pavelló de la República (1937/1992)
Josep Lluís Sert i López y Luis Lacasa

57 Hospital de la Esperança (1935)
Antoni Fisas Planas

58 Escuela del Consejo de la Escuela Nueva Unificada (CENU) (1936)
Ramon Puig i Gairalt

59 Casa Francesc Vilaró (1929)
Sixte Illescas i Mirosa

60 Casa Lluís Barangé o Casa Barangé I (1931)
Ricard de Churruca i Dotres y Germà Rodríguez Arias

56. PABELLÓN DE LA REPÚBLICA (1937/1992)

Josep Lluís Sert i López y **Luis Lacasa**

Josep Lluís Sert y el arquitecto madrileño Luis Lacasa fueron los encargados de proyectar el Pabellón de la República para la Exposición de París de 1937.

El edificio tenía por objetivo denunciar la situación de golpe de estado y guerra que sufría España, para conseguir complicidades y ayudas internacionales en la defensa de la República contra el fascismo. Curiosamente se encontraba al lado del pabellón de la Alemania nazi, que acababa de bombardear el pueblo y la población de Guernica.

Colaboraron artistas consagrados como Pablo Picasso con el *Guernica*, Joan Miró con *El payés catalán en rebeldía*, Juli González con la escultura en hierro *La Montserrat* o Alexander Calder con la escultura *Fuente de mercurio*, proporcionado este por las minas de Almadén, que hoy en día puede contemplarse en la Fundación Miró (ver pág. 80).

El edificio repasa todas las premisas del funcionalismo de Le Corbusier y de la Mediterraneidad de la obra de Sert.

Desde el año 1992, en el barrio de Vall d'Hebron, hallamos una réplica realizada por los >

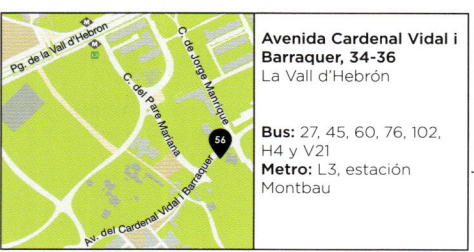

Avenida Cardenal Vidal i Barraquer, 34-36
La Vall d'Hebrón

Bus: 27, 45, 60, 76, 102, H4 y V21
Metro: L3, estación Montbau

> arquitectos Antoni Ubach, Miquel Espinet y Josep Maria Hernández León, que acoge una biblioteca-archivo con importantes fondos sobre movimiento obrero.

Visitas guiadas a la biblioteca y al edificio, de lunes a viernes, con cita previa obligatoria:
+ 34 93 4285457 - lourdesprades@ub.edu

Visitas desde el punto de vista arquitectónico, información en:
+ 34 669297 551 - elglobusvermell@gmail.com

LUIS LACASA NAVARRO

A pesar de que el madrileño Luis Lacasa (1899-1966) fue uno de los introductores del Racionalismo en España, no era miembro del GATEPAC y curiosamente era detractor de Le Corbusier. Fue fundador de la Alianza de Intelectuales Antifascistas para la Defensa de la Cultura y después de la Guerra civil fue depurado por el Franquismo y se exilió a la URSS.

Edificio Rockefeller, Madrid, obra de Luis Lacasa
(cc) Creative Commons (†) Paco Barradas

57. HOSPITAL DE LA ESPERANÇA (1935)

Antoni Fisas Planas

La parte original y auténticamente racionalista, por cronología, del actual hospital, es el cuerpo de mediodía del edificio, que en principio se encontraba aislado y tenía planta baja más tres plantas y azotea a la catalana.

La obra fue el fruto de una colaboración entre los arquitectos Antoni Fisas Planas, miembro del GATCPAC, y Gabriel Amat i Pagès (1899-1984), aunque cuando fue ampliado en 1951, con dos edificios más que le dan al conjunto forma de "H", solamente intervino el primero.

ISIDRE BOGUÑÀ

© AFB - Carlos Pérez de Rozas

El edificio original del Hospital fue concebido como centro de salud promovido por el ginecólogo Dr. Isidre Boguñà i Porta, fundador de la Asociación ginecológica de Barcelona. Sin embargo, el proyecto falló ya durante la construcción y el edificio fue adquirido para instalar el Hospital de l'Esperança.

Mare de Déu de la Salut, 1-15 / Av. Santuari Sant Josep de la Muntanya
La Salut

Bus: 24, 116, D40 y H6

58. ESCUELA DEL CONSEJO DE LA ESCUELA NUEVA UNIFICADA (CENU) (1936)

Ramon Puig i Gairalt

En el barrio de la Salut, al lado del Park Güell, Ramon Puig i Gairalt recibió en 1936 el encargo del CENU (Consejo de la Escuela Nueva Unificada) de adaptar un convento requisado al los franciscanos para escuela de primaria. El objetivo de la Generalitat, aliada con las escuelas racionalistas y la CNT, era que no hubiese ningún niño sin escuela y que esta fuese gratuita, racionalista, laica y catalana.

El convento sobre el que se actuó era neogótico, de 1926, del arquitecto Xavier Turull. La ampliación se desarrolló en chaflán, en tres plantas, con ventanas apaisadas y con capacidad para 675 alumnos, niños y niñas.

Hoy en día el edificio está muy transformado y desfigurado y acoge el centro de acogida Llar Gaudí para adolescentes de doce a dieciocho años, distribuidos en áreas de convivencia. El centro está gestionado por la Fundación Ciutat i Valors.

Larrard, 45-51 / Mercedes
La Salut

Bus: 24, 116, D40 y H6

EL CENU

Por decreto de 27 de julio de 1936, la Generalitat instituyó, junto con la CNT y la UGT, el Consejo de la Escuela Nueva Unificada, con el objetivo de crear una escuela nueva, gratuita, única, laica y en lengua catalana. A partir del lema "¡Ningún niño sin escuela!" querían paliar el déficit de plazas escolares. Encabezando el CENU, Joan Puig i Elias, famoso pedagogo e histórico militante de la CNT.

Con el advenimiento del Franquismo, el CENU fue aniquilado, como todas las instituciones progresistas de época republicana.

© Fundación Anselmo Lorenzo

59. CASA FRANCESC VILARÓ (1929)

Sixte Illescas i Mirosa

La Casa Vilaró, popularmente conocida como "la casa barco", es la primera y junto con el bloque de la calle Pàdua, la más emblemática de las casas racionalistas de Sixte Illescas. Es un referente estético que nos ha llegado en perfecto estado de conservación tanto en los interiores como en el exterior, y que está vivo porque continúa siendo habitada: actualmente es un establecimiento turístico.

Los edificios que proyectó Sixte Illescas antes que la casa Vilaró, como el de Diputació, 224, de1927, pared con pared con los jardines de la Universidad de Barcelona (ver pág. 106), se encuentran todavía anclados en el Novecentismo clasicizante con el que Illescas convivía diariamente en los despachos de Josep Goday y de Jaume Torres Grau, donde trabajó durante toda la carrera, junto con Sert y Torres Clavé.

El fuerte desnivel del terreno obligó a Illescas a escalonar la casa y el jardín, de manera que cuando desde la planta principal miramos sobre la piscina, protegidos desde una baranda de tubos metálicos bajo una gran marquesina, es como si mirásemos el mar, un piso por debajo, desde la cubierta de un barco. La casa resume todas las premisas teóricas del Racionalismo catalán.

Avenida del Coll del Portell, 43 i 67
La Salut

Bus: 116

DORMIR EN UN MONUMENTO HISTÓRICO

La casa Vilaró, arquetipo de las "casas-barco" del primer Racionalismo, está considerada por el arquitecto y teórico de arquitectura Oriol Bohigas como monumento histórico por ser la primera obra racionalista de España (véase un artículo publicado en *El País* el 18 de febrero de 2009). Hoy en día es posible conocerla desde dentro y alojarse en ella ya que alberga el establecimiento Casa Vilaró.

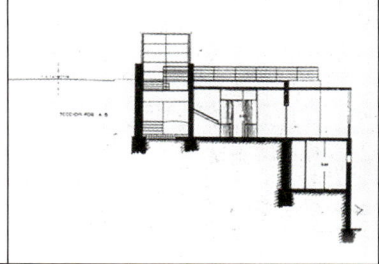

© A.C.

60. CASA LLUÍS BARANGÉ O CASA BARANGÉ I (1931)

Ricard de Churruca i Dotres y **Germà Rodríguez Arias**

En colaboración con Germà Rodríguez Arias, Ricardo de Churruca proyectó en junio de 1931 esta casa-barco unifamiliar con jardín, icónica del GATCPAC, que posteriormente se convirtió en plurifamiliar.

Está situada en un enclave difícil, que condiciona la arquitectura de cada fachada: en la fachada principal de mediodía figuran las dos cubiertas, el alero y la escalera metálica del barco construida al mismo nivel que el puente de Vallcarca, mientras que la fachada este, totalmente plana y con un ojo de buey, otro elemento clásico de la casas-barco, da a la calle perpendicular al puente, que baja hasta cinco metros de profundidad, favoreciendo la creación de un sótano.

Hay otro chalet Barangé, también racionalista, proyectado por Raimon Duran i Reynals en 1933, en Pedralbes (ver pág. 170). A menudo se confunden las dos casas, ya que ambas figuran en los catálogos sobre arquitectura racionalista de la ciudad.

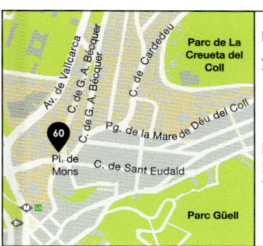

Plaza Mons, 4 / Gustavo Adolfo Bécquer, 25
Vallcarca i Penitents

Bus: 27, 92, 123, 129 y V17
Metro: L3, estación Vallcarca

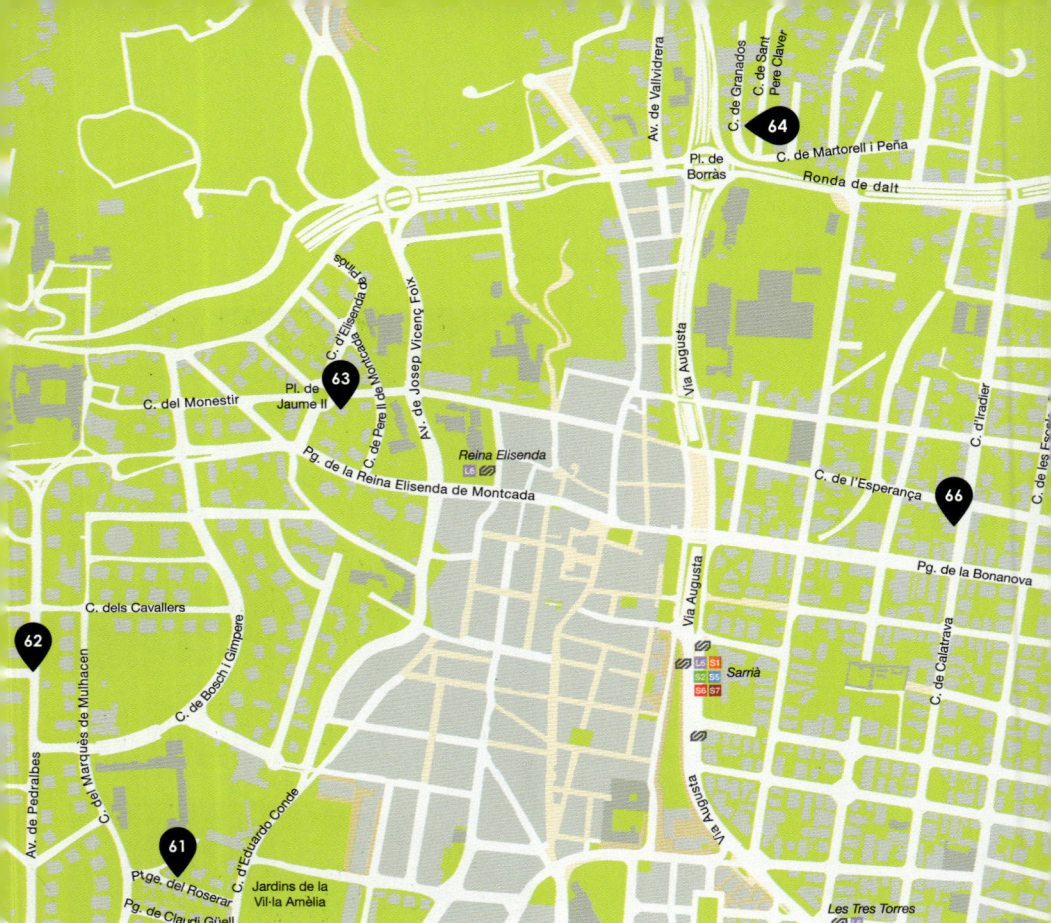

61 Casa Mercè Escolano (1933)
Marino Canosa Gutiérrez

62 Les Escales Park (1973)
Sert, Jackson & Associate

63 Casa Barangé II (1933)
Raimon Duran i Reynals

64 Casa Puig i Gairalt (1928)
Ramon Puig i Gairalt

65 Estación de Radio Barcelona EAJ-1 (1929)
Nicolau Maria Rubió i Tudurí

66 Casa Rosales (1935)
Ricard de Churruca i Dotres

67 Bloque Bonanova o casa Masana (1935)
Sixte Illescas i Mirosa

68 Casa Francesca Espona i Brunet (1932)
Raimon Duran i Reynals

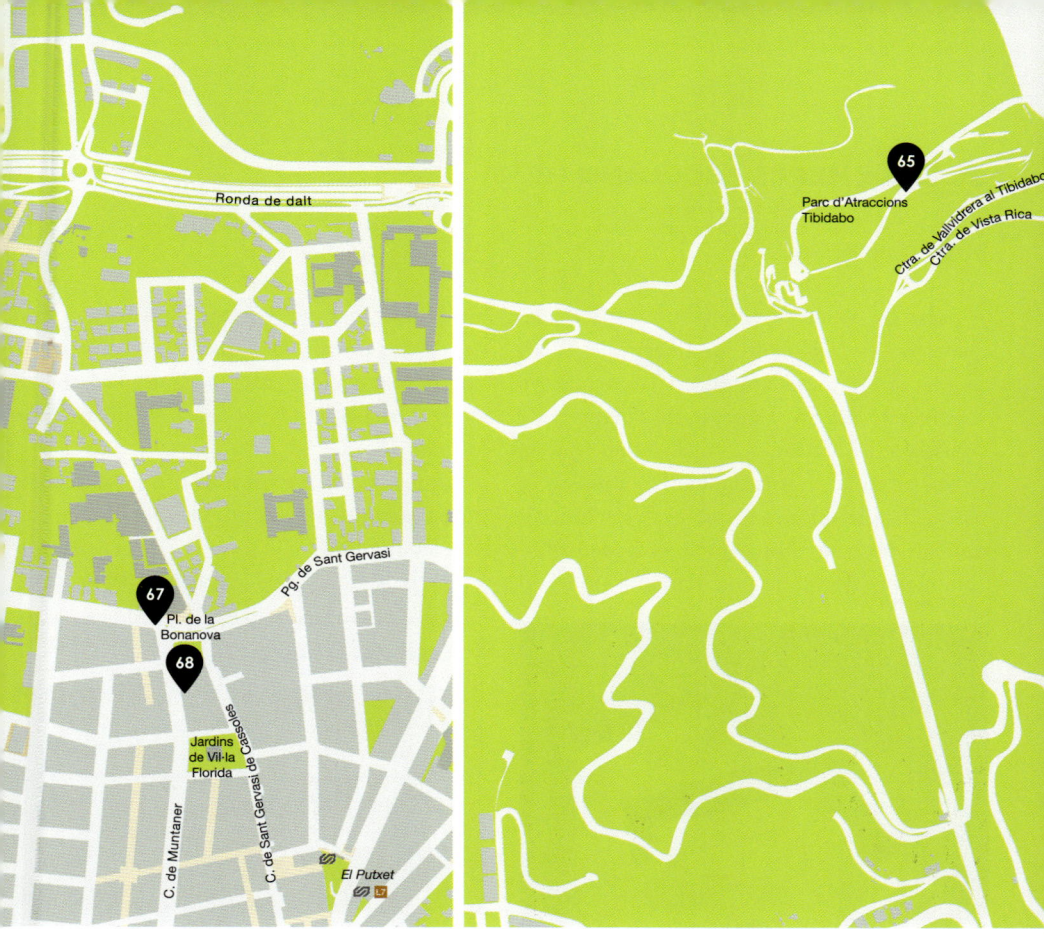

9. LA ZONA ALTA: DEL TIBIDABO A PEDRALBES, SARRIÀ Y LA BONANOVA

El itinerario empieza en Pedralbes con las casas **Mercè Escolano** y **Barangé II**, dos chalets blancos icónicos, de líneas depuradas y funcionalistas, típicos de la vivienda unifamiliar racionalista. Su geometría simple y elegante propiciaba que los detractores del movimiento definieran dichas casas como "**boîte à savon**" (caja de jabón) o "**matchbox**" (caja de cerillas). Entre una y otra, visitaremos **Les Escales Park**, obra tardía de Sert. En Sarrià encontramos un ejemplo del protorracionalismo: la casa de los hermanos **Puig i Gairalt** de 1928, aún con mucha carga novecentista. En este punto podemos subir al Tibidabo por Vallvidrera o desde la plaza Kennedy por la carretera de la Arrabassada para visitar la **Estación de Radio Barcelona EAJ-1** (ver opciones de transporte en la pág. 175) y después la mucho más depurada Casa Rosales de la calle de Iradier, de Churruca. Finalizamos los itinerarios con dos edificios de viviendas canónicos en la plaza de la Bonanova y al principio de la calle Balmes, obra de **Sixte Illescas** y **Raimon Duran i Reynals** respectivamente.

61. CASA MERCÈ ESCOLANO (1933)

Marino Canosa Gutiérrez

A pesar de su estilo racionalista purista, este chalet no es totalmente originario de 1933, ya que en 1946, el arquitecto Jaume Esteve Esparcia, le añadió el sótano, un cuerpo en la fachada oeste, y otro en la fachada este que se convierte en la pérgola característica que se ve desde la calle. Es decir, que el chalet inicial, obra de Marino Canosa, era muy pequeño, con menos de 50m² por planta, y rodeado de jardín. Era un volumen prismático con las ventanas apaisadas que le otorgaban una fuerte personalidad, azotea plana a la catalana, zona de día en la planta baja y de noche en el primer piso.

Marino Canosa fue autor de otras obras racionalistas como la desaparecida sala de espectáculos Gran Price, o el proyecto de la urbanización "Barcelona Playa", ambos de 1934.

© IMPUiQV - Lluís Bosch

Pasaje del Roserar, 18
Sarrià

Bus: 34, 63, 78, 130, V3 y V5

SALA GRAN PRICE

© AFB - Carlos Pérez de Rozas

El Gran Price, inaugurado la noche de fin de año de 1934 como sala de espectáculos y demolido en 1973 para construir un bloque de pisos, es la obra más popular de Marino Canosa. El interior tenía capacidad para unas cinco mil personas. Fue el templo del boxeo en Barcelona y también se utilizó para grandes acontecimientos sociales y políticos, sobre todo durante la época republicana.

Estaba situado en el chaflán de las calles Casanova y Floridablanca y destacaba su fachada futurista, mezcla de Racionalismo y Art Déco, que combinaba cuerpos prismáticos con cuerpos circulares, como si fuese un cohete despegando.

62. LES ESCALES PARK (1973)

Sert, Jackson & Associate

Se trata del proyecto de Sert más desconocido y menos valorado en Barcelona, aunque ha sido reivindicado en los últimos años. A raíz de su intervención en la Fondation Maeght en la Provenza (1959-1964), Sert intentó volver a trabajar en Barcelona a pesar de la inhabilitación. Se empezó a involucrar en el proyecto de la Fundación Miró de 1965 en Montjuïc y en el de Les Escales Park de 1967 en Sarrià. Este último se materializaría en 1973, sobre una finca de la familia Güell llamada Can Duran de les Escales, en 26 apartamentos a diferentes niveles, hecho que facilita la integración de las terrazas de doble altura con los jardines y la piscina, en el marco de unas fachadas funcionalistas y racionales de gran belleza y equilibrio, que dibujan la proporción áurea en las aberturas y que combinan los colores tostados y verdes de la cerámica vidriada con los colores naturales de las plantas de los jardines.

Destaca especialmente la armonía del vestíbulo, con el techo blanco de bovedillas a la catalana y la pared de vidrio que nos transporta al pabellón que Mies van der Rohe proyectó para la Exposición de 1929 (ver pág. 84).

© IMPUiQV - Sònia Turon

LA ETAPA AMERICANA

© United States Department of State
Antigua Embajada de los Estados Unidos en Bagdad

Al final de la Guerra Civil, en 1939, el Franquismo prohíbe a Sert la práctica de la arquitectura en España, y decide exiliarse, primero a Francia y después a los Estados Unidos. En 1942 publica *Can our Cities survive?*, tras lo que recibe ofertas de varias universidades. En 1953 se convierte en decano de la Escuela de Arquitectura de Harvard. En 1963 funda el estudio de arquitectura Sert, Jackson & Associate, con el que proyectará edificios emblemáticos, entre ellos embajadas norteamericanas como la de Bagdad.

Sor Eulàlia d'Anzizu, 38-46 / Avenida de Pedralbes
Pedralbes

Bus: 54, 63, 78, 113 y V5

63. CASA BARANGÉ II (1933)

Raimon Duran i Reynals

También conocida como Can Mora, la casa Barangé de Pedralbes constituye el único chalet racionalista de Duran i Reynals, y junto con la casa Espona y la casa Ymbern (ver págs. 40 y 54), integran el corpus racionalista de este arquitecto postnovecentista.

La elegante simplicidad de las formas y de los volúmenes y el color blanco acentúan el funcionalismo y el carácter racionalista de esta casa, proyectada a petición de la familia Barangé.

Aunque fue fundador y miembro del GATCPAC y adoptó su estética funcionalista, Duran i Reynals no llegó a comulgar nunca con las premisas doctrinales del grupo. Se prodigó en otros estilos, como el clasicismo renacentista, muy imitado durante la postguerra. Duran y Reynals era siete años mayor que Sert y diecisiete años más joven que Josep Goday, el más antiguo de los novecentistas conversos al Modern Style o Estilo Internacional.

Hay otra casa Barangé que se confunde con ésta, pero que no es del mismo arquitecto sino de Ricard de Churruca y se encuentra ubicada en Vallcarca (ver pág. 164).

© Joan Folch - Casa Barangé

LAS SILLAS DE AIZPÚRUA Y LABAYEN

© AFB. Margaret Michaelis

Los arquitectos vascos Joaquín Labayen y José Manuel Aizpúrua, socios del GATEPAC, diseñaron en el año 1932 unas sillas de madera y mimbre que el GATCPAC expuso en su stand de la IV Feria de Muestras de Barcelona y que solían aparecer en la revista *A.C.* como parte de los proyectos del grupo. Las sillas se continúan comercializando hoy en día.

Plaza Jaume II, 8 /
Monestir, 22
Pedralbes

Bus: 68, 75, 130, H4 y V3
Metro: L12, estación
Reina Elisenda

64. CASA PUIG I GAIRALT (1928)

Ramon Puig i Gairalt

Esta torre neoclásica ha quedado aislada del entorno y hundido el jardín por la Ronda de Dalt. Ramon Puig i Gairalt la construyó para vivir él y su hermano Antoni, también arquitecto, en 1928.

Se trata de un edificio de transición, con elementos todavía novecentistas como la puerta de medio punto y los relieves escultóricos decorativos, que Antoni Puig i Gairalt también colocaría en las fachadas de la fábrica Myrurgia (ver pág. 146) y en el edificio CDA (ver pág. 122). En la casa que nos ocupa, los relieves son obra de Rafel Solanic. La reja blanca de la puerta principal en forma de fuente con surtidor también tiene poco que ver con las rejas racionalistas posteriores pero recuerda claramente la reja del edificio de la CDA.

Hoy en día la casa está dividida en diversas viviendas, pero originariamente era una casa unifamiliar. En la planta baja estaba el salón de baile y la recepción de invitados, con una de las paredes interiores a media altura a manera de tribuna para situar a los músicos. La sala de música estaba decorada con pinturas murales de Francesc d'Assís Galí.

Granados, 3
Sarrià

Bus: 60, 66, 130 y V7

LA VILLA SCHWOB DE LE CORBUSIER

ⓒ Creative Commons ⓘ Schwizgebel

El conjunto recuerda la obra primeriza de Le Corbusier, como la Villa Schwob (1916) en su ciudad suiza natal de La Chaux-de-Fonds, donde la volumetría acentúa un cierto expresionismo.

65. ESTACIÓN DE RADIO BARCELONA EAJ-1 (1929)

Nicolau Maria Rubió i Tudurí

La histórica estación emisora de Radio Barcelona EAJ-1, la más antigua de España se encuentra en el interior del Parque de Atracciones del Tibidabo y se puede admirar en el Área Panorámica del mismo.

Se trata de un pabellón rectangular que recuerda la obra de Le Corbusier y el pabellón de Mies Van der Rohe, con una escalinata de acceso que a la vez recuerda la de la fábrica Myrurgia (ver pág. 146) cuando ésta tenía el relieve esculpido por Esteve Monegal en el centro. En el caso de la emisora, el relieve fue colocado en el año 1933 en homenaje a la República y se debe al escultor Àngel Tarrach, que con el Franquismo se vio obligado a exiliarse primero a Francia y después a México. El régimen franquista retiró la inscripción original y dejó solamente una inscripción con la fecha de nacimiento de la radio. No obstante, y por iniciativa ciudadana, el 14 de abril de 2013, se restituyó la placa original que dice, en catalán: *"Por esta antena Francesc Macià decía al mundo que Cataluña se convertía en República"*

Marca la gran horizontalidad de la construcción una marquesina sostenida por pilares de hormigón que cubre el pasillo abierto de entrada a las diferentes salas de máquinas. Las paredes son de pavés para asegurar la luz natural y las de obra están enlucidas de blanco.

ARQUITECTO DE JARDINES Y PAISAJISTA

© AFB – Autor desconocido

Nicolau Maria Rubió i Tudurí es a veces más reconocido como paisajista que como arquitecto, ya que fue discípulo de Jean Claude Nicolas Forestier, maestro en arquitectura de jardines, y también, durante veinte años, director de Parques y Jardines de Barcelona. De su obra paisajística durante la época racionalista destacan los jardines de Pedralbes (1927), el vivero de Can Borni, en el Tibidabo (1929) y los jardines del Turó Park (1933), en la fotografía aérea.

Plaza Tibidabo, 3-4
Vallvidrera, el Tibidabo i
Les Planes

Bus: T2A, Tibidabo (desde plaza Catalunya)
T2B, Tibidado (desde paseo Vall d'Hebron, 138-176)
Funicular del Tibidabo:
desde la plaza del Dr. Andreu

66. CASA ROSALES (1935)

Ricard de Churruca i Dotres

Se trata de la transformación de un chalet unifamiliar en una casa de pisos de alquiler. Del chalet original, se conservan el jardín, hoy en día aparcamiento, un pequeño edificio anexo, la puerta de entrada arabizante y la reja exterior de la finca, con baldosas imitación de modelos clásicos catalanes. Como promotores iniciales figuran Ignacio Rosales Fernández de Castro y su cuñada Manuela de Arquer, viuda de José Rosales.

Con la reforma se construyeron dos pisos extra sobre la planta baja, a pesar de que en el proyecto figuraban tres, con dos apartamentos por piso. Tiene un semisótano, por lo que la planta baja queda más elevada que la calle y se accede por un tramo de escaleras. Una de las entradas tiene una marquesina de vidrio y metal, a conjunto con las barandas tubulares. El año 1954 el arquitecto Joan Baca i Reixach, que también cuenta con un pasado racionalista, modificó la planta baja para convertirla en dispensario de la clínica Dexeus. Hoy acoge el Centro Médico Milenium Iradier.

BUTACA TORRES CLAVÉ

© Museu del Disseny de Barcelona

En el año 1934 el arquitecto Josep Torres Clavé diseñó esta butaca inspirada en los muebles tradicionales ibicencos, de madera de roble, con el asiento y el respaldo tejidos con cordel. La pieza formaría parte del conjunto del Pabellón de la República de la Exposición Internacional de París del 1937 (ver pág. 154), compartiendo escenario con el *Guernica* de Picasso y el *Payés en rebeldía* de Miró. El diseño forma parte de la colección permanente del Museo del Diseño de Barcelona y es un clásico que se sigue comercializando.

Iradier, 3
Sant Gervasi – La Bonanova

Bus: 75, 123 y H4
Metro: L6 / L12 / S1 / S2 / S5 / S6 / S7, estación Sarrià

67. BLOQUE BONANOVA O CASA MASANA (1935)

Sixte Illescas i Mirosa

Se trata de uno de los bloques de pisos de viviendas de Illescas iniciados en pleno *boom* constructivo de 1935 y acabados el año 1940. Las tres fachadas del chaflán con las que comienza el paseo de Sant Gervasi están orientadas al Norte, al Sur y al Sudeste, son de fábrica de ladrillo y tienen las ventanas enmarcadas.

Muy cerca, en el paseo de la Bonanova 103, Illescas hubiera situado el cine Spring (1933), proyecto que no llegó a realizar y que debía renovar el edificio de 1911 de Joaquim Font i Pedrosa (1871-1934). Habría sido uno más de su larga lista de cines Art Déco truncada por la Guerra Civil, el equivalente en Barcelona de los cines de Gutiérrez Soto en Madrid.

En 1935, Illescas abandonó la dirección del GATCPAC por desavenencias internas y en 1936 fue designado director técnico del Comisariado de la Vivienda del Departamento de Justicia de la Generalitat al objeto de regular la vivienda obrera durante la Guerra Civil, un cargo republicano que pagaría en la postguerra, con un expediente de depuración franquista.

© IMPUiQV - Sònia Turon

EL PUERTO AÉREO DE ILLESCAS

© *Gaseta de les Arts*, 9, 1929

En la revista *Gaseta de les Arts* hallamos el histórico proyecto de aeropuerto que Sixte Illescas presentó en la exposición fundacional del GATCPAC en las Galerías Dalmau (1929) y en el Gran Casino de San Sebastián (1930), crisol del GATEPAC, en la época en que compartía despacho con Josep Lluís Sert en Vía Laietana. El proyecto expositivo de "puerto aéreo" contaba con siete planos y una maqueta. Aquel mismo año, Illescas recibió el encargo de la Casa Vilaró (ver pág. 162), su primera obra racionalista y una de las más emblemáticas del arquitecto.

Paseo de Sant Gervasi, 1-3 / Plaza Bonanova
Sant Gervasi – La Bonanova

Bus: 123, 75, H4 y V13
Metro: L7, estación Av. Tibidabo

68. CASA FRANCESCA ESPONA I BRUNET (1932)

Raimon Duran i Reynals

En la parte más elegante de la calle Muntaner, tocando a la plaza de la Bonanova, Duran i Reynals le construyó una sencilla y a la vez sofisticada casa de viviendas de alquiler a Francesca Espona i Brunet, heredera del industrial textil de Torelló, Josep Espona i Font, y benefactora de muchas causas sociales y artísticas, como la restauración del santuario de Rocaprevera. Francesca era hermana del empresario y mecenas de arte, Jaume Espona i Brunet, para quien Duran i Reynals hizo más de veinte proyectos en Barcelona y Osona.

La casa, con un local en los bajos y seis pisos de viviendas, se conserva en perfecto estado, e incluso mantiene la carpintería exterior y el pavés del montante de la entrada tipo "Nevada", originales de 1932. El elemento más destacado de la fachada son los balcones de obra, aerodinámicos y rematados con barandas tubulares, un pequeño préstamo de la casa-barco tan típica del Racionalismo.

A pesar de la piel racionalista que la cubre, conceptualmente se la considera todavía una obra novecentista de Duran i Reynals. No puede obviarse que el arquitecto, aunque fue socio del GATCPAC, provenía del Novecentismo, y fue autor de edificios tan puristas como el Palacio de las Artes Gráficas de la Exposición Internacional de 1929, actualmente Museo de Arqueología de Cataluña. El Racionalismo solo es una de las variadas tendencias que cultivó este arquitecto, que era capaz de construir varias casas a la vez en estilos diferentes.

DURAN I REYNALS Y EL MODERNISMO

© AFB - Frederic Ballell

La Casa Lleó Morera antes de ser parcialment destruida por Duran y Reynals

Como novecentista, Duran odiaba el Modernismo. Cuando en 1943 le encargaron que reformara los bajos de la Casa Lleó Morera de Lluís Domènech i Montaner para la tienda de Enrique Loewe, no dudó en destruir todo el paramento interior y la fachada, incluidas las ninfas escultóricas de Eusebi Arnau, los restos de las cuales pueden contemplarse todavía hoy en el teatro museo Salvador Dalí de Figueres. También mutiló parte del edificio del Círculo Ecuestre de la Diagonal para construir la casa adyacente.

Muntaner, 568
Sant Gervasi-La Bonanova

Bus: 75, 123, H4 y V13
Metro: L7, estación El Putxet

Casa Bloc. Josep Lluís Sert, Joan Baptista Subirana y Josep Torres Clavé

ANEXOS

ANEXO 1. OTROS EDIFICIOS: LISTADO COMPLEMENTARIO A LOS 9 ITINERARIOS RACIONALISTAS POR BARCELONA

A continuación, presentamos una serie complementaria de edificios y proyectos arquitectónicos que han vivido diferentes destinos y nos han llegado, ya sea intactos o bien modificados, hasta el día de hoy. También se incluyen otras obras que fueron concebidas para tener una vida efímera o no llegaron a hacerse realidad. Por desgracia, algunos proyectos racionalistas han desaparecido y solo se conservan planos y/o fotografías.

La idea es que complementen los 68 edificios que son el centro de esta obra y configuren un corpus de arquitectura racionalista en Barcelona. También incluimos un apartado de arquitectura funeraria de los cementerios barceloneses con la voluntad de colaborar en la incorporación de este género constructivo a los catálogos de arquitectura y así contribuir a su merecida revalorización, ya que es un estilo minoritario y casi inexistente actualmente en los compendios de obra racionalista.

1. OTROS PROYECTOS

1927
Edificio de viviendas
Sevilla, 45-49, Ciutat Vella
Germà Rodríguez Arias

1931
Edificio de viviendas
Jonqueres, 4-6 / Ortigosa, Ciutat Vella
Sixte Illescas i Mirosa

1928
Edificio de viviendas
Sevilla, 39, Ciutat Vella
Germà Rodríguez Arias

1932
Iglesia de Santa Teresa de l'infant Jesús
Via Augusta, 68-72 / Gal·la Placídia, Sant Gervasi. Josep Domènech i Mansana

1931
Casa Florència Elias
Concòrdia, 54 / Pasaje Pedreres, 14, Sants-Montjuïc
Ramon Puig i Gairalt

1935
Casa Espona
Roger de Llúria, 124 / Avenida Diagonal, Eixample
Ramon Duran i Reynals

1931
Edificio de viviendas
Rector Ubach, 19, Sant Gervasi
Antoni Fisas Planas

1935
Edificio de viviendas
Viladomat, 265, Eixample
Nilo Tusquets i de Cabirol

1935
Edificio de viviendas
Pi i Margall, 17, Gràcia
Sixte Illescas i Mirosa

1936
Edificio de viviendas
Grau i Torras, 59, La
Barceloneta
Autor desconocido

1935
Edificio de viviendas
Riera Alta, 49, Ciutat
Vella
Ignasi Mas i Morell

1936
Edificio de viviendas
Avenida Paral·lel, 171,
Poble-sec
Autor desconocido

1936
Casa Vehils Vidal
Portal de l'Àngel, 32-
34, Ciutat Vella
Agustí Domingo i
Verdaguer

1939
Edificio de viviendas
Còrsega, 617, Eixample
Autor desconocido

2. EDIFICIOS DESAPARECIDOS

1929
**Palacio de
Proyecciones**
Avenida de Maria
Cristina, Sants-
Montjuïc
Eusebi Bona i Puig

1930
Editorial Seix i Barral
Provença, 217-223,
Eixample
Jaume Mestres i
Fossas

1929
**Pavellón Uralita-
Eternit-Zenit**
Exposición de 1929,
Sants-Montjuïc
Antoni Maria de
Ferrater Bofill

1932
Casa Galobart
Travessera de Dalt, 102,
Gràcia
Josep Lluís Sert y
Artur Rigol (Jardín)

1932
Almacenes El Águila
Plaza Universitat /
Pelai, Eixample
Josep Domènech i
Mansana

1932
Bar Automàtic
La Rambla, Ciutat Vella
Manuel Cases

1933
**Casitas unifamiliares
en Sant Andreu**
Avenida de Torras
i Bages, cerca del
actual número 45, Sant
Andreu - GATCPAC

1934
Gran Price
Casanovas /
Floridablanca / ronda
de Sant Antoni,
Eixample
Marino Canosa

**Oficina del Patronato
Nacional de Turismo**
Travessera de les
Corts, 658, Les Corts
Ricard de Churruca y
Germà Rodríguez Arias

3. ARQUITECTURA EFÍMERA

1929
**Estand de la editorial
Seix Barral**
Palacio de las
Artes Gráficas en la
Exposición de 1929,
Sants-Montjuïc
Josep Maria Segarra

**Casitas de la
Ciudad de Reposo y
Vacaciones**
GATCPAC

1934
**Biblioteca infantil
desmontable**
Plaza de las Palmeres,
Sant Andreu
Joan Baptista Subirana
por el GATCPAC

4. PROYECTOS NO CONSTRUIDOS

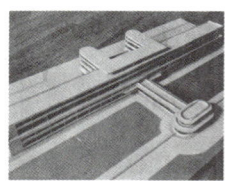

1929
**Estación para un
puerto aéreo**
Expuesta en Barcelona
y San Sebastián
Sixte Illescas i Mirosa
por el GATCPAC

5. PROYECTOS MODIFICADOS

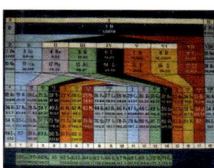

1934
**Reforma del aula
de química de la
Universidad de
Barcelona**
Gran Via, 585, Eixample
Josep González y
Francesc Perales

1934
**Antiguos almacenes
SEPU**
La Rambla, 122, Ciutat
Vella
Ricard de Churruca y
Ricard Ribas

1934
Reforma de un ático
Provença, 269,
Eixample
Josep Maria Sert i
López

1939
**Cooperativa Popular
Obrera El Siglo XX**
Ginebra, 24, Ciutat
Vella
Miquel Niubó i Munté

6 ARQUITECTURA FUNERARIA

1932
**Panteón Sayrach, a
nombre de Manuel
Sayrach i Carreras**
Vía de la Misericòrdia,
agrupación 3ª,
cementerio de
Montjuïc
Manuel Sayrach i
Carreras

1940
**Panteón Rovira
Vilaplana, a nombre
de Ramon Rovira**
Vía de Sant Jordi,
agrupación 7ª,
cementerio de
Montjuïc
Pau Monguió
Escultura en bronce:
Roberto Passani

1941
Panteón Soler Canet
Vía de Sant Jordi,
agrupación 7ª, número
104, cementerio de
Montjuïc
J. M. Martino

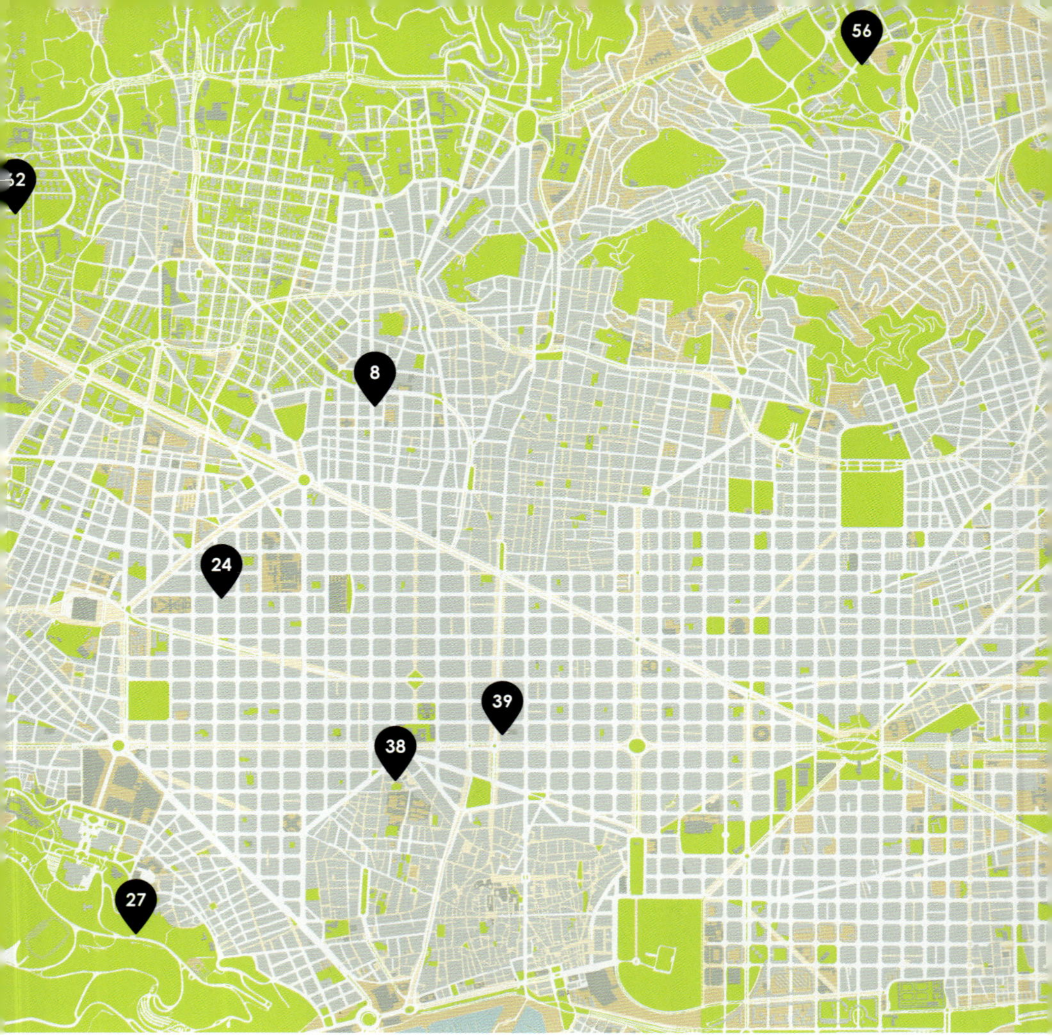

56

52

8

24

39

38

27

---

8 Casa Sert de Muntaner
(1930)
Josep Lluís Sert i López

27 Fundación Joan Miró,
Centro de Estudios de
Arte Contemporáneo
(1974)
Josep Lluís Sert i López

24 Casa Sert de Rosselló
(1929)
Josep Lluís Sert i López

38 Dispensario
Antituberculoso,
actualmente CAP
Dr. Lluís Sayé (1933)
Josep Lluís Sert, *Joan
Baptista Subirana* y
Josep Torres Clavé

ANEXO 2. EL ITINERARIO SERT

Ocho edificios resumen en Barcelona la trayectoria internacional de dicho arquitecto, que fue el *alma mater* del movimiento racionalista catalán y fundador del GATCPAC. Los edificios forman parte, separadamente, de los demás itinerarios de esta guía, cada uno en su zona pertinente, pero en este caso los hemos querido proponer en un solo itinerario. Por un lado, contemplamos los que proyectó en los años treinta. Y por el otro, su obra tras exiliarse, a causa de la Guerra Civil, primero a París en 1937 y después, en 1939 a Nueva York, donde trabajó en Town Planning Associates. Más tarde, se trasladó a Massachusetts y fue decano de Arquitectura de Harvard entre 1953 y 1969. En 1963 fundó Sert, Jackson & Associate, empresa con la que proyectó múltiples edificios en America, como el Peabody Terrace en Cambridge, y en Europa, como la Fundación Maeght en Saint Paul de Vence (Francia). En Barcelona existen dos edificios de éste último período: la **Fundación Miró** y **Les Escales Park,** en Barcelona.

39 Antigua Joyería Roca (1933)
Josep Lluís Sert i López

56 Pabellón de la República (1937/1992)
Josep Lluís Sert i López y Luis Lacasa

44 Casa Bloc (1932)
Josep Lluís Sert, Joan Baptista Subirana y Josep Torres Clavé

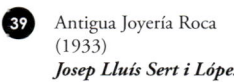

62 Les Escales Park (1973)
Sert, Jackson & Associate

ANEXO 3. ÍNDICE ONOMÁSTICO

Artur Rigol i Riba	(Capellades, 1898 – Barcelona, 1934)	107, 183
Germà Rodríguez i Arias	(Barcelona, 1902 – 1987)	12, 14, 23, 25, 44, 60, 64, 145, 165, 181, 184
Nicolau M. Rubió i Tudurí	(Mahón, Menorca 1891 – Barcelona, 1981)	12, 175
Josep Lluís Sert i López	(Barcelona, 1902 – 1983)	12, 13, 14, 15, 18, 23, 24, 25, 29, 34, 41, 53, 55, 73, 79, 81, 82, 95, 103, 107, 109, 112, 114, 129, 132, 145, 154, 162, 167, 169, 170, 177, 180, 183, 185, 186, 187, 190
Jcsep M. Soteras i Mauri	(Barcelona, 1907 – 1989)	20, 21, 118
Joan Baptista Subirana i Subirana	(Rosario, Argentina, 1904 – Barcelona, 1978)	14, 109, 127, 145, 180, 184
Josep Torres i Clavé	(Barcelona, 1906 – Els Omellons, 1939)	12, 23, 24, 25, 55, 109, 127, 145, 161, 176, 180, 191

ANEXO 4. GLOSARIO DE TECNICISMOS RELACIONADOS CON EL RACIONALISMO CATALÁN

ADLAN (Amigos del Arte Nuevo): Agrupación artística fundada en 1932, bajo el paraguas del GATCPAC ya que Josep Lluís Sert era miembro de ambas, con una composición de socios abierta a toda la sociedad civil catalana, a la que comunicaba con la vanguardia internacional. Como agrupación, ADLAN informaba a sus socios en primicia sobre las exposiciones de vanguardia (como las de Miró y Dalí en París) y los familiarizaba con grandes nombres como Man Ray, Alexander Calder o Hans Arp, invitados a Barcelona.

Art Déco: Estilo decorativo también denominado Estilo de 1925 a raíz de la exposición de París de 1925, basado en geometrías e inspirado en la industria y en el progreso. Abarca todas las artes decorativas, especialmente el interiorismo, y en menor medida la arquitectura. En Barcelona fue adoptado principalmente por los artistas vinculados al FAD, con los que el GATCPAC acostumbraba a polemizar en los eventos que no organizaban en común.

Bauhaus: Escuela de arquitectura y arte fundada en 1919 por Walter Gropius en Alemania. Como escuela, cambió el rumbo de la arquitectura y el diseño a nivel mundial, centrándose en la industrialización y la vanguardia, abanderada por personajes como Le Corbusier o Mies Van der Rohe. Fue considerada un axioma por parte de los racionalistas y funcionalistas internacionales, muy especialmente por los miembros del GATCPAC.

Brutalismo: Movimiento de los años cincuenta y sesenta del siglo pasado basado en el uso del *béton brut* u hormigón rústico, con las marcas de los encofrados como ya sugería Le Corbusier muchos años antes.

CIAM (Congreso Internacional de Arquitectura Moderna): Conferencias y reuniones sobre arquitectura lideradas por Le Corbusier a través del CIRPAC desde 1928 hasta 1959. Se celebraron once ediciones de este congreso, considerado el germen del Estilo Internacional o Movimiento Moderno en arquitectura, que se consolidó en una exposición sobre arquitectura en 1932 en el MoMA de Nueva York.

CIRPAC (Comité Internacional para la Resolución de los Problemas de la Arquitectura Contemporánea): Organismo de gestión creado en 1929 para poder preparar los CIAM.

Estilo Internacional: Nombre global del Movimiento Moderno en arquitectura, nacido de una exposición en el MoMA de Nueva York en 1932 donde se exponían las principales obras del Racionalismo internacional.

FAD (Fomento de las Artes Decorativas, actualmente Fomento de las Artes y el Diseño): Asociación profesional de artesanos y artistas decoradores fundada en 1903 en Barcelona. Colaboró con el GATCPAC organizando actividades para los socios de ambas entidades y principalmente en eventos de proyección internacional. Con el paso del tiempo, el FAD evolucionó del Art Déco hacia el Cubismo y el Funcionalismo.

Funcionalismo: Corriente iniciada a principios del siglo XX por el arquitecto Louis Henry Sullivan bajo la premisa que la forma sigue siempre a la función. Esta premisa es común en la mayoría de corrientes arquitectónicas del siglo XX.

GATCPAC (Grupo de Arquitectos y Técnicos para el Progreso de la Arquitectura Contemporánea): Movimiento arquitectónico creado en 1929 en Cataluña para promover la arquitectura de vanguardia. Introduce las corrientes vanguardistas internacionales a través de Le Corbusier y las fusiona con un mediterraneísmo diferencial frente a los arquitectos novecentistas y del Art Déco internacional.

GATEPAC (Grupo de Artistas y Técnicos Españoles para el Progreso de la Arquitectura Contemporánea): Movimiento arquitectónico creado en 1930 a nivel estatal. Incluye el Grupo Norte (San Sebastián), el Grupo Centro (Madrid y Zaragoza) y el Grupo Oriental (Cataluña).

GRUP R: Grupo de arquitectos catalanes fundado en 1951 con la voluntad de recuperar el impulso de antes de la Guerra Civil del GATCPAC. Algunos arquitectos como Francesc Mitjans actúan de nexo entre ambas corrientes a través del Racionalismo.

Higienismo: Corriente urbanista de mediados del siglo XIX que quiere abrir las ciudades intramuros y fomentar el transporte público para que la ciudad se extienda.

Mediterraneísmo: Aportación del GATCPAC al Racionalismo centroeuropeo y al Estilo Internacional, especialmente el procedente de Ibiza y de su arquitectura y diseño vernáculos.

MIDVA (Muebles y Decoración de la Vivienda Actual): Local y tienda del GATCPAC entre 1931 y 1939, ubicado en el paseo de Gràcia, desde donde difundían su ideario sobre el diseño y la arquitectura de vanguardia.

Monumentalismo: Estilo arquitectónico que intenta impresionar no tanto per las medidas colosales como por la proporción con relación a la escala humana. En Barcelona el Monumentalismo era un argumento utilizado a menudo para poder elevar un edificio por encima de la altura máxima permitida.

Neoplasticismo: Movimiento artístico y arquitectónico iniciado por Piet Mondrian en 1917, también denominado constructivismo, utilizado como base teórica y de inspiración para algunos arquitectos racionalistas.

Novecentismo: movimiento artístico, cultural y político catalán que preconizaba la modernidad y la renovación mediante el orden y la razón, inspiradas en los clásicos griegos y romanos. Se originó en la primera década del siglo XX, en gran parte como reacción contra el Modernismo.

Racionalismo: Movimiento arquitectónico surgido en Europa a partir de 1918 que defiende el funcionalismo, la ausencia de decoración, la ruptura con el historicismo y la importancia de la industrialización.

Revista *A.C.* (*Documentos de Actividad Contemporánea*): Revista del GATEPAC editada entre 1931 y 1937. Fue redactada e impresa en Barcelona por los miembros del GATCPAC, principalmente por Josep Torres Clavé. Se publicaron 25 números.

GALICISMOS ORIGINALES DE LE CORBUSIER ADOPTADOS POR EL RACIONALISMO CENTROEUROPEO

À redent: en zigzag, formando una greca

Dúplex: casa de dos pisos que busca ahorrar el espacio de los pasillos

Immeuble-villa: casa colectiva con servicios en común

Modulor: proporción aurea aplicada a la escala de una persona

Pilotis: pilares que crean una planta baja diáfana

LOS 5 PUNTOS DE LA NUEVA ARQUITECTURA SEGÚN LE CORBUSIER:

1 — Elevación sobre *pilotis* o pilares

2 — Planta libre

3 — Fachada libre de estructura

4 — Ventanas horizontales

5 — Terraza jardín